O HOMEM E A MONTANHA

Introdução ao estudo das influências da situação
geográfica para a formação do espírito mineiro

Coleção Historiografia
de Minas Gerais

Série Alfarrábios

2

João Camillo de Oliveira Torres

O HOMEM E A MONTANHA

Introdução ao estudo das influências da situação
geográfica para a formação do espírito mineiro

Prêmio "Diogo de Vasconcelos" de Erudição da
Academia Mineira de Letras, de 1943.

autêntica

Copyright © 2011 João Camilo de Oliveira Torres Neto

COORDENADORES DA COLEÇÃO HISTORIOGRAFIA DE MINAS GERAIS
Francisco Eduardo de Andrade
Mariza Guerra de Andrade

PROJETO GRÁFICO DA CAPA
Diogo Droschi
(Sobre "Panorama de Itabira" de Márcio Sampaio [a partir de fotografia de Miguel Brescia, década de 1930]. Pintura, acrílica sobre tela, 1976 50x70cm)

REVISÃO
Ana Carolina de Andrade Aderaldo
Dila Bragança de Mendonça

EDITORAÇÃO ELETRÔNICA
Conrado Esteves
Waldênia Alvarenga Santos Ataíde

EDITORA RESPONSÁVEL
Rejane Dias

Revisado conforme o Novo Acordo Ortográfico.

Todos os direitos reservados pela Autêntica Editora. Nenhuma parte desta publicação poderá ser reproduzida, seja por meios mecânicos, eletrônicos, seja via cópia xerográfica, sem a autorização prévia da editora.

AUTÊNTICA EDITORA LTDA.
Rua Aimorés, 981, 8º andar . Funcionários
30140-071 . Belo Horizonte . MG
Tel.: (55 31) 3222 68 19
Televendas: 0800 283 13 22
www.autenticaeditora.com.br

Dados Internacionais de Catalogação na Publicação (CIP)
(Câmara Brasileira do Livro, SP, Brasil)

Torres, João Camillo de Oliveira
    O homem e a montanha : introdução ao estudo das influências da situação geográfica para a formação do espírito mineiro / João Camillo de Oliveira Torres / organizado por Francisco Eduardo de Andrade , Mariza Guerra de Andrade. – Belo Horizonte : Autêntica Editora, 2011. -- (Coleção Historiografia de Minas Gerais. Série Alfarrábios ; v. 2) "Prêmio 'Diogo de Vasconcelos' de Erudição da Academia Mineira de Letras, de 1943"

    Bibliografia.
    ISBN 978-85-7526-522-2

    1. Características regionais - Minas Gerais 2. Identidade social - Minas Gerais 3. Minas Gerais - Civilização 4. Minas Gerais - Condições sociais 5. Minas Gerais - Geografia 6. Minas Gerais (MG) - Historiografia I. Título. II. Série.

11-00949   CDD-306.098151

Índices para catálogo sistemático:
    1. Características regionais : Minas Gerais : Sociologia 306.098151
    2. Minas Gerais : Características regionais : Sociologia 306.098151

Agradecimentos

João Camilo de Oliveira Torres Neto
Leonardo Gabriel de Oliveira Torres
Raimundo Nonato
Amílcar Viana Martins
Altamir Barros
Marcos Caldeira, editor do jornal *O Trem Itabirano*

Sumário

Apresentação   9

O homem, a montanha e nós   11
João Antonio de Paula

Estudo crítico   17
Mariza Guerra de Andrade

O homem e a montanha

A Itabira do Mato Dentro e a velha Fábrica do *Girau*

Parecer de Aires da Mata Machado Filho   49

O homem e a montanha

Introdução
O problema da cultura em conserva   55

Capítulo I
A situação geográfica   65

Capítulo II
Meditação sobre a Guerra dos Emboabas   73

Capítulo III
O latifúndio em profundidade   93

Capítulo IV
Das "datas" aos arraiais   103

Capítulo V
Onde o Estado aparece   115

Capítulo VI
As diversões são coletivas   127

Capítulo VII
As Câmaras Municipais   137

Capítulo VIII
A Igreja é de todos os irmãos   147

Capítulo IX
Onde encontramos o *homo faber*   155

Capítulo X
O amor nas Minas, as raças e a vida social   161

Capítulo XI
Na fazenda é diferente   173

Capítulo XII
Grandeza e decadência do espírito provinciano   179

Capítulo XIII
À sombra do *poverello*   187

Capítulo XIV
Produtores de cultura   193

Conclusão   201

Notas   209

Glossário   215

Apresentação

Francisco Eduardo de Andrade
Mariza Guerra de Andrade

Apresentamos esta obra de João Camillo de Oliveira Torres, dando continuidade à série Alfarrábios, da coleção Historiografia de Minas Gerais. Trata-se de um texto instigante, não pela inovação na composição das fontes ou por causa de uma solidez teórica, mas por seu modo original de interpretar o lugar da origem, a fonte do sentido (e sua relevância social, psíquica, simbólica) denominada Minas Gerais, o que permite fazer a junção entre a biografia pessoal e a trajetória coletiva desse autor.

É certo, portanto, sua inserção numa cultura historiográfica que busca tematizar o âmbito regional, justificando, a princípio, a seleção da obra para esta edição bem cuidada. Por outro lado, é notável, no ensaio, o esforço do autor em participar de um debate nacional sobre as injunções geográficas, raciais e culturais constitutivas do caráter psicossocial do brasileiro.

O título da obra indica a reciprocidade entre a sociedade e a natureza, cuja síntese é a formação cultural montanhesa, sedimentada, conservadora, do interior do Brasil. Mas o que acontece se há a *perda* da montanha (a paisagem da infância), se os meios tradicionais de vida não puderem mais ser reproduzidos (desde a implantação dos empreendimentos capitalistas da mineração)? João Camillo apreende o processo das mudanças socioeconômicas; no entanto, a cultura conservadora, que conformou o gênio da *raça*, mantém ainda a face tradicional do mineiro e suas marcas originárias. Talvez possamos concluir que essa ideia permite o desarme político frente às transformações espaciais e à predação, na medida em que serve para apontar no *progresso*, ou apesar dele, o mesmo do ser.

A perspectiva do autor, com efeito, é expressiva do duradouro feixe das interpretações do passado mineiro, cruzado ainda, aqui e ali, pela linhagem dos historiadores profissionais. Assim, não se considerando um índice das ideias superadas, sua visão integra o processo dinâmico de uma história intelectual, com suas implicações políticas e ideológicas.

De qualquer forma, podem sempre renovar-se as leituras deste livro, informadas pelo movimento do *devir*, com suas provocações inesperadas.

O homem, a montanha e nós

João Antonio de Paula[1]

Até que ponto a montanha projeta-se em nós e, de algum modo, nos faz o que somos? É isso que João Camillo de Oliveira Torres procurou responder no livro de 1944 *O homem e a montanha*, que em boa hora se está reeditando, retirando do esquecimento uma das mais interessantes tentativas de interpretação da fisionomia psicossocial do mineiro.

Já foi feita, com razão, várias vezes a crítica ao equívoco que acompanha muitas das tentativas de fixar, como se realidades naturais e estáticas fossem, características socioculturais de coletividades humanas, permanentemente em transformação.

Quase sempre informados por correntes teóricas do século XIX, que abusaram do direito de tentar fazer de seus preconceitos e interesses juízos científicos, armados daquelas pseudociências praticadas, entre outros, por Gobineau, Taine, Gumplowicz, H. S. Chamberlain, houve um tempo em que foi costumeiro traçar quadros psicossociais inapeláveis, porque resultados de tríade de determinações irretorquíveis: o clima, o meio, a raça!

Não é possível exagerar o quão nefastas algumas dessas interpretações se mostraram. Contudo, amplas e complexas foram a difusão e a apropriação dessas ideias, impactando mesmo alguns dos nomes decisivos da cultura brasileira, em perspectiva progressista, como Euclides da Cunha.

---

[1] Professor do Cedeplar/FACE/UFMG.

De todo modo, em que pese seus vícios de origem, algumas interpretações que pretenderam fixar características coletivas, o "espírito", a "alma" de certos povos, nações, regiões, por vezes resultaram em contribuições relevantes para a compreensão daquelas realidades, seja pelo efetivo talento literário de seus autores, seja pela mobilização de outras fontes de referência que não as velhas "ciências" mofadas, estreitamente positivistas e deterministas.

Assim, a convocação da história, de sociologia não mecanicista, das ciências sociais contemporâneas, enfim, e, sobretudo, a liberdade no modo como são combinados os dados da realidade e a imaginação, as ciências e as artes, a razão e a intuição têm nos dado ensaios indispensáveis para a compreensão de certos povos e nações. São exemplos disso: *Espanha invertebrada*, de José Ortega y Gasset, de 1922, e *O Labirinto de solidão*, de Octavio Paz, de 1950, que são belas e iluminadoras interpretações da Espanha e do México a partir de visadas, que, filosóficas e literárias a um só tempo, não são menos relevantes ou significativas, por não se pretenderem científicas.

No Brasil, foram várias as tentativas de interpretação de conjunto, do país, sob vários registros e perspectivas. De 1920 é a primeira parte de *Populações meridionais do Brasil*, de Oliveira Vianna, que buscou traçar a história, a organização social e a psicologia de paulistas, fluminenses e mineiros; de 1928 é *Retrato do Brasil*, de Paulo Prado, ensaio sobre a tristeza brasileira; de 1936 é *Raízes do Brasil*, de Sérgio Buarque de Holanda, e de 1947 é *Interpretação do Brasil*, de Gilberto Freyre, exemplares manifestações de um momento da vida cultural brasileira em que a carência da pesquisa empírica, a rarefação de estudos monográficos e a debilidade das ciências sociais entre nós não impediram, e mesmo exigiram, que nós nos explicássemos, que nós nos debruçássemos sobre o nosso passado, sobre o nosso presente com vistas à construção de um futuro que nos redimisse.

Não é, desde logo, uma obsessão brasileira buscar responder à pergunta "afinal, o que somos, o que nos singulariza como povo, como destino coletivo?". Muitos povos têm feito a mesma pergunta, quase sempre quando desafiados por situações críticas ou por crônicas precariedades. Não é outra a motivação de Fichte quando, em 1807/1808, numa Alemanha ocupada, fez o elogio de sua nação e de seu destino em *Discursos à Nação Alemã*. Antero de Quental, com *Causas da decadência dos povos peninsulares*, conferência pronunciada em 1871, é o porta-voz de uma geração que se recusou a aceitar como definitiva a irreversibilidade da decadência ibérica.

Às vezes foram estrangeiros que conseguiram ensinar aos nacionais o que lhes escapava. É esse o caso de Tocqueville, que, em 1835, com *A democracia na América*, nos deu a todos ainda a melhor apreensão de conjunto da sociedade norte-americana; é o caso de Ruth Benedict, que, com *O crisântemo e a espada*, de 1946, revelou ao mundo dimensões cruciais da vida japonesa.

Nem sempre o que está na base da interrogação sobre a identidade de um povo decorre de insatisfação com a sua história, feita de êxitos. É esse, por exemplo, o caso da Holanda, que, tendo raízes fundas na realidade medieval europeia, meio germânica, meio latina, borgonhesa e francesa, ensejou o belíssimo ensaio de Huizinga, *Sobre a consciência nacional holandesa*, de 1912, em que se busca afirmar o especificamente holandês de uma realidade geográfico-histórico-político-cultural, sobretudo compósita, mesclada.

É possível que os espanhóis sejam os campeões nesse exercício de recorrente autointerrogação. De fato, de Cervantes, no início do século XVII, até a Geração de 1898, a Espanha não deixou de se interrogar sobre duas ordens de questões: de início, a reiteração das maravilhas do *siglo d'oro*, aquele tempo em que a Espanha de Carlos V e Felipe II foi a senhora do mundo; depois, a longa e continuada prostração da derrota da Invencível armada, em 1588, à derrota na guerra contra os Estados Unidos, em 1898; da desalentada e patética frustração representada pela antiepopeia quixotesca, no início do século XVII, à trágica confirmação do grotesco fracasso espanhol, que Goya captou na Corte de Carlos IV, no início do século XIX. À intelectualidade espanhola não pareceu restar outro caminho que não o da obsedante inquirição sobre o destino da Espanha, sobre o mistério da Espanha, sobre a tragédia da Espanha, sobre a finada glória da Espanha e as maneiras de sua regeneração.

Com efeito, essa não é obsessão exclusivamente espanhola, pois que tem atingido a vários povos e, em particular, aos mineiros, que também temos sidos compelidos à inesgotável e inverificável busca de sentido para uma realidade, a apreensão da fisionomia histórica de um povo, que é, sempre, perfeitamente, inumerável.

A consciência da existência de que há qualquer coisa que nos diferencia, sem que isso signifique autoelogio, que em boca própria é vitupério, é antiga – é preciso que se diga –, não é uma invenção dos mineiros apenas. A existência de uma – o que quer que signifique – mineiridade é algo que se deve à gente como Auguste de Saint-Hilaire, naturalista francês que esteve no Brasil no início do século XIX e que é responsável por vários e decisivos registros elogiosos sobre Minas Gerais, sobre sua gente, hospitaleira, diligente e habilidosa, quase sempre.

Nessa mesma linha, é preciso dizer que outro significativo e emblemático elogio aos mineiros foi feito por um não mineiro, pelo grande Alceu Amoroso Lima, em *Voz de Minas*, de 1945, que nos viu com simpatia e generosidade, ainda que nem sempre se possa acompanhá-lo em seus juízos sobre os mineiros.

Depois de Alceu Amoroso Lima, Minas Gerais e os mineiros continuaram sendo objeto de investigação, o que tem rendido textos assinaláveis, como o de Paulo Pinheiro Chagas, "A resposta de Juscelino", que está no livro *Arca de Noé*, de 1956; como o de João Guimarães Rosa, "Minas Gerais", que está no livro *Ave Palavra*, de 1970; como o livro de Sylvio de Vasconcelos, *Mineiridade. Ensaio de caracterização,* de 1968.

Contudo, antes do livro de Alceu Amoroso Lima, em 1944, João Camillo de Oliveira Torres já havia publicado *O homem e a montanha*, obra que merece figurar entre as mais significativas tentativas de interpretar Minas Gerais em chave ensaística.

João Camillo de Oliveira Torres, nascido em Itabira do Mato Dentro, em 31 de julho de 1915, e que faleceu em Belo Horizonte, em 16 de janeiro de 1973, filho de João Camillo de Oliveira Torres e de Rosa de Assis de Oliveira Drummond, iniciou seus estudos em Itabira, concluindo os estudos intermediários em Belo Horizonte. Bacharelou-se em Filosofia pela Universidade do Distrito Federal do Rio de Janeiro. Em 1937, tornou-se jornalista. Em 1942, passou a lecionar História do Brasil na Faculdade de Filosofia Santa Maria, da então Universidade Católica de Minas Gerais, e História de Minas Gerais na Faculdade de Filosofia da Universidade de Minas Gerais (UFMG).

Foi ainda membro do Conselho Estadual de Educação, do Conselho Estadual de Cultura Popular, da Academia Mineira de Letras, do Instituto Histórico de Minas Gerais e do Instituto Histórico e Geográfico Brasileiro. Paralelamente à suas atividades docentes, foi funcionário de carreira do sistema previdenciário público brasileiro, tendo ocupado vários cargos de relevo junto à administração previdenciária.

João Camillo de Oliveira Torres nasceu em família com fortes inclinações intelectuais. Seu irmão, Luiz Camillo de Oliveira Netto, é grande nome da pesquisa em História do Brasil, responsável pela descoberta e transferência para o país de importantes documentos da história brasileira, foi diretor da Casa de Rui Barbosa, professor da Universidade do Distrito Federal, diretor da Biblioteca do Itamaraty, autor de estudos importantes sobre assuntos brasileiros e mineiros. João Camillo de Oliveira Torres era primo de Carlos Drummond de Andrade e deixou obra ponderável, em vários aspectos, destacando-se: sua *História de Minas Gerais*, inicialmente publicada em cinco volumes e republicada em três volumes alentados, em 1980, pela Editora Lemi; *A democracia coroada. Teoria política do império do Brasil*; e *Interpretação da realidade brasileira (Introdução à história das ideias políticas do Brasil).*

Não é preciso concordar com as ideias políticas de João Camillo de Oliveira Torres para reconhecer seus méritos como historiador escrupuloso e informado.

O homem e a montanha venceu o "Prêmio Diogo de Vasconcelos" da Academia Mineira de Letras, de 1943, e foi publicado como livro, em 1944, pela Livraria Cultura Brasileira, de Belo Horizonte. Trata-se de ensaio que tem o seguinte subtítulo: *Introdução ao estudo das influências da situação geográfica para a formação do espírito mineiro*. Sua motivação básica é responder à pergunta: "Que repercussões houve para a formação de grupos sociais do fato de ser montanhoso o território mineiro?". E, ainda mais incisivamente, trata-se de identificar "os problemas básicos das relações sociais do mineiro estudadas segundo as perspectivas da situação do mineiro em face da montanha".

As questões que mobilizaram o estudo de João Camillo de Oliveira Torres estão longe de ser triviais. Há de saída não apenas uma convocação da valorização dos aspectos ecológicos como também participantes das determinações históricas. É isso, por exemplo, o que também fez Fernand Braudel, quando, em seu *O Mediterrâneo e o mundo mediterrâneo na época de Felipe II*, publicado como livro em 1949, inicia o estudo do mar mediterrâneo pela apresentação de seus tipos humanos característicos, o primeiro deles o montanhês.

Por outro lado, é necessário dizer que Minas não é só a montanha; se a montanha é seu centro, é sua espinha dorsal, é seu contorno Leste-Sul, não é seu Oeste-Norte-sertanejo. De tal modo que essa imprópria generalização da montanha não deve ser vista como invalidando o ensaio de João Camillo de Oliveira Torres, pois o que ele buscou, de fato, foi marcar a influência da montanha sobre o centro político-econômico-cultural de Minas Gerais, e este certamente se deu na montanha.

Neste centro, geográfico e cultural, de montanha forjaram-se instituições, sensibilidades, hábitos, símbolos e práticas que conformaram a sociabilidade mineira, marcada pela imposição do Estado (como política, justiça e fisco), pela presença do poder local das câmaras municipais e seus "homens bons", pela presença de uma religiosidade laica apoiada nas Ordens Terceiras. Civilização urbana e dinâmica, as Minas foram uma sociedade complexa e pluralista.

João Camillo de Oliveira Torres antecipa em seu livro algumas das características dos mineiros que Alceu Amoroso Lima também privilegiou. Viram os mineiros como silenciosos, sóbrios e tradicionalistas. Será sempre possível, quando se tratar de tais listas, lembrar vários e expressivos exemplos de mineiros, mineiríssimos, totalmente montanheses, como Tiradentes, como Teófilo Otoni, como Juscelino Kubitschek, que estão muito longe daqueles atributos, sem que, por outro lado, não sejam, também eles, filhos da mesma montanha. De fato, cada qual poderá discrepar do retrato que João Camillo de Oliveira Torres traçou dos mineiros: aquele dirá que há excessos ali, outro verá imprecisões acolá, outros ainda verão arbitrariedades. Contudo, não é essa experiência de todos diante de certa fotografia que se rejeita por ter fixado ângulo que não nos favorece?

João Camillo de Oliveira Torres nos deu um retrato dos mineiros sujeito a reparos e contestações. Todos os retratos o são. Não importa. Seu retrato continuará na parede, como o de um parente saudoso e querido, que o tempo vai apagando e que não nos deixa esquecer os muitos e diversos que nos forjaram.

Estudo crítico
Mariza Guerra de Andrade

Se a inserção pública do intelectual ativo se mede em geral pela diversificação de suas práticas em instituições, no mercado editorial e na imprensa, foi especialmente nas décadas de 1930 e de 1940 que tais ações denotaram, e como nunca até então, marcos significativos na luta pela profissionalização do escritor no Brasil.

O período apresentava a ambiguidade típica de uma crise profunda: carência e superação. A depressão financeira internacional nos anos da Segunda Guerra tornava quase proibitiva a importação de obras e de papel para impressão. A edição de livros poderia chegar a ser saudada como um feito de certa forma notável tal o custo da produção e a alta de preço do livro no mercado brasileiro.[1]

E se o escritor não podia viver de literatura, isso explicaria a sua presença no jornal, no magistério, nos cargos burocráticos – como atesta a irônica expressão criada por Carlos Drummond de Andrade, a do "escritor-funcionário". Também era problemático o tema dos direitos autorais, pois os escritores, quando recebiam, contavam com quantias no geral ínfimas, salvo exceções, além de inexistir controle eficaz na distribuição e nem sempre serem definidas as porcentagens das vendas de livros.

---

[1] O papel estrangeiro entrava no país sob a forma de pasta para ser processado e desdobrado em folhas. No Brasil, entre os poucos grupos empresariais ligados ao setor, destacava-se a Klabin, especializada na produção de papel para a imprensa. Cf. HALLEWELL, Laurence. *O livro no Brasil – sua história*. 2. ed. rev. e ampl. São Paulo: EDUSP, 2005, p. 353.

Estimulado por esses fatores conjunturais, o jornal assumia um lugar muito especial na prática da escrita e da leitura no Brasil. Ele era a vitrine, a tribuna, por excelência, do ensaísmo, do ensaísmo literário e do pensamento intelectual brasileiro. Era pelo jornal que o escritor se fazia conhecido, operava contatos e possibilidades de trabalho, tinha visibilidade pública e política, além de alguma notoriedade por meio de polêmicas, que às vezes se arrastavam, permitindo-lhe públicos fiéis. Contudo, os notórios dilemas permaneciam: instabilidade, oferta de trabalho limitada, padrão salarial baixo.[2]

Mesmo que na década de 1930 a profissionalização do escritor brasileiro ainda possa ser identificada como fenômeno circunscrito a uma elite de letrados, a emergência de outras concepções sobre a relação entre autor e editor, sobre critérios de produção e de distribuição no mercado livreiro atestam algumas mudanças nos anos seguintes. Um aspecto a ser notado sobre a tentativa de superação desse quadro no período refere-se às alterações no padrão tecnológico da comunicação – incluídos a imprensa, a editoração e o rádio –, que pouco a pouco modificaram as representações e as práticas culturais na formação do leitor em uma sociedade desigual como a brasileira, majoritariamente sem acesso à cultura letrada e à cultura de letramento tardio.

E, apesar da vigência da censura ou da mordaça política praticada pelo *Estado Novo*,[3] devem ser observadas as práticas associativas dos

---

[2] O matutino carioca *Correio da Manhã*, cuja linha editorial é ainda referência na história da imprensa e da literatura brasileiras, era um dos poucos jornais que pagavam em dia na década de 1940, segundo Antonio Callado, que chegou à sua direção mais tarde, em 1954. Em regra, os colaboradores viviam "sem dinheiro para nada de mais alentador, cheirando a tinta, emperrados nas máquinas, mas atrás da caça mais formidável", dizia o escritor e dramaturgo Raimundo Magalhães Junior sobre o seu cotidiano profissional e o dos seus pares como Otto Lara Resende, Franklin de Oliveira e Paulo Mendes Campos. Cf. pasta de 20/11/1941 a 30/05/1982, Raimundo Magalhães Junior. Museu Arquivo de Literatura Brasileira, Casa de Rui Barbosa, Rio de Janeiro.

[3] Assunto estudado e discutido por diversos intelectuais e acadêmicos brasileiros, o período da ditadura Vargas foi ativo em iniciativas ligadas à cultura com a criação do Instituto Nacional do Livro, a reorganização da Biblioteca Nacional, a criação do Boletim Bibliográfico Brasileiro, entre outros, ainda que todas essas ações estivessem sob o tacão da censura do Tribunal de Segurança Nacional. Cf. ORTIZ, Renato.

escritores, que defendiam a liberdade de expressão com o intuito de ampliar sua participação profissional nos campos culturais e de sua constituição como autores, ou melhor, como autores de direitos.

Em 1943, em uma decisiva reunião da diretoria da Associação Brasileira de Escritores, na redação da *Revista do Brasil*, congregaram-se esforços por essa profissionalização, com os participantes imbuídos de uma pergunta inquietante: quanto vale um escritor?[4] Também foi criada, e com esse espírito, a União dos Trabalhadores Intelectuais (UTI), aliada à Academia Brasileira de Letras, mas de caráter mais nitidamente político e combativo.

Também o Instituto Nacional do Livro teve atuação destacada junto a autores e editores na divulgação de obras, incluindo a iniciativa para patrocínios de edições e reedições. Os temas politicamente *orientados* dessas publicações sobre o nacional-regional, com a pretendida incorporação do povo à nação, propunham, por exemplo, alargar o campo da história brasileira – para além dos alvos literatos e eruditos – e, assim, popularizar títulos e autores, o que expandiu um positivo retrato livreiro do Brasil no exterior e estimulou a criação de um público leitor supostamente interessado em temas nacionais.[5] Assim, as novas estratégias do empreendimento editorial-gráfico tendiam a se

---

Cultura brasileira e identidade nacional. São Paulo: Brasiliense, 1985; MICELI, Sérgio. *Intelectuais à brasileira.* São Paulo: Companhia das Letras, 2001; GOMES, Ângela de Castro. *História e historiadores. A política cultural do Estado Novo.* Rio de Janeiro: Fundação Getúlio Vargas, 1996; COSTA, Cristiane. *Pena de aluguel – escritores jornalistas no Brasil, 1904-2004.* São Paulo: Companhia das Letras, 2005.

[4] Estavam presentes nessa reunião os escritores Octávio Tarquínio de Souza, Astrojildo Pereira, José Lins do Rego, Dinah Silveira de Queiroz, Álvaro Lins, Marques Rebelo, Francisco de Assis Barbosa e Carlos Drummond de Andrade. O ponto principal da pauta era a cobrança de direitos autorais – derivando depois para um juramento irônico e retórico de que ali ninguém entraria para a Academia Brasileira de Letras. ANDRADE, Carlos Drummond de. *O Observador no escritório.* Rio de Janeiro: Record, 1985, p. 10.

[5] Esses projetos editoriais, incluindo os do governo, favoreceram mudanças significativas no objeto livro. A colagem das folhas, a montagem da capa e da contracapa, a definição da dimensão e da lombada, a escolha das ilustrações alteraram a sensação tátil e o prazer de sua posse e modificaram a produção de significados e de sentidos no processo de leitura. Ver CHARTIER, Roger. (Org.). *Práticas da leitura.* São Paulo: Estação Liberdade, 1996.

modificar na direção de um *novo* público e na fabricação de um *novo* livro, mais atraente ao consumo.

Deve ser sublinhada ainda nessa direção a efetiva participação de tradutores estrangeiros, recém-chegados ao país e fugidos do nazismo, que se tornaram combatentes pela cultura do Brasil, além de intelectuais brasileiros que se associaram para a atividade da tradução em bases profissionais.[6]

A edição pela Livraria Cultura Brasileira, em 1944, do ensaio *O homem e a montanha* teve repercussão importante entre intelectuais e leitores de Belo Horizonte, talvez pelo pioneirismo do tema enfrentado pelo escritor itabirano João Camillo de Oliveira Torres. A Academia Mineira de Letras, que então recebia, com o apoio da Prefeitura, sua sede na cidade, instalada na Rua dos Carijós, trabalhou pela divulgação do livro premiando o trabalho do autor, futuro membro da cadeira de nº 39 da instituição.[7]

O professor João Camillo de Oliveira Torres – de Sociologia e de História do Brasil, na Faculdade de Filosofia Santa Maria (Universidade Católica de Minas Gerais), e de História de Minas Gerais, na Faculdade de Filosofia da Universidade Federal de Minas Gerais – tornava-se um pensador conhecido também pela publicação recente, em 1943, pela Editora Vozes, de Petrópolis, do seu *O positivismo no Brasil* e por uma assídua presença na imprensa mineira.

Após o período em que estudou Direito na Universidade do Rio de Janeiro, João Camillo retorna a Belo Horizonte em 1941 e aqui permanece, ao contrário de muitos intelectuais que migraram para os ares efetivamente centrais da capital federal, experimentando daqui parte do quadro cultural já sucintamente indicado e vivendo, possivelmente, os percalços de um *escritor de província*. Leitor e escritor contumaz, o professor João Camillo trabalhou como resenhista

---

[6] É o caso de Anatol Rosenfeld (1912-1973), Paulo Rónai (1907-1992) e Otto Maria Carpeaux (1900-1978), que deram notável impulso à crítica literária e à tradução no país com a colocação de obras de autores brasileiros no exterior, além de sua associação a editores e escritores brasileiros.

[7] O escritor Aires da Mata Machado Filho, da Academia Mineira de Letras, no seu parecer como relator do concurso, assim se refere ao livro de João Camillo: "Versou sobre temas novos, e os problemas trilhados que ventilou trazem a marca dos métodos e processos que o autor é o primeiro em empregar nos estudos mineiros".

e articulista para os jornais *Folha de Minas*, *Estado de Minas* e *Diário Católico*, participou de conselhos editoriais de várias publicações e foi colaborador em alguns órgãos, alternando com Otto Maria Carpeaux, por exemplo, o rodapé de crítica de ideias da *Revista do Jornal*, no Rio de Janeiro.

Belo Horizonte, em meados da década de 1940, já ampliava consideravelmente seu espaço urbano com remodelação de algumas vias centrais, verticalização dos imóveis, além da construção do conjunto da Pampulha. Tornou-se um centro supridor de produtos de consumo, um entreposto financeiro e bancário – estímulos decorrentes também da siderurgia mineira. Nesses anos, a cidade se *moderniza*, inicia-se o processo de metropolização com o deslocamento e a chegada de populações do interior, há o avivamento da vida cultural com cinemas, cafés e teatros – ainda que resíduos burocráticos da sua função político-administrativa contaminassem algumas das práticas das sociabilidades, como informam as crônicas de Cyro dos Anjos, Pedro Nava e Carlos Drummond de Andrade.

Em meio às dificuldades do período da guerra, a cidade contava com um comércio avulso de livros e algumas livrarias que, além de atender o público pelo reembolso postal, mantinham laços com editoras e por vezes comprometiam-se com a empreitada da edição. Contudo, esse mercado livreiro, comparado ao do eixo Rio de Janeiro-São Paulo, operava modestamente. Mas merecem destaque as seguintes livrarias: Rex, Morais, Alves, Alemã, Paulo Bluhm, Inconfidência, Minas Gerais, Anglo-Americana e a Cultura Brasileira – responsável pelo livro *O homem e a montanha*.

Em abril de 1944, é inaugurada em Belo Horizonte, no Edifício Mariana, a Casa do Livro, uma livraria de revistas e livros importados, que também propunha um "moderno salão para exposição de pinturas", "discoteca para uso dos fregueses". Um dos seus proprietários era Valdemar Fenner, "um velho militante no comércio de livros".[8]

Para a primeira exposição de pintura na Casa do Livro foi convidado Alberto da Veiga Guignard, que dizia que "os planos e ideias em

---

[8] Cf. jornal *Estado de Minas*, Belo Horizonte, 2 abr. 1944, p. 5.

relação às artes do Prefeito [Juscelino Kubitscheck] da capital representaram um caso único no país, colocando Belo Horizonte em posição destacada". Além disso, comentava, segundo a imprensa, "a beleza do céu [da cidade] comparada ao azul metálico dos céus de certas pinturas de Giotto e de Fra Angélico".[9]

Já renomado como pintor, desenhista, ilustrador e gravador, Guignard (1896-1962) chegou a Belo Horizonte no início de 1944. Acolhido pelas elites cultas da cidade, gente ligada ao patrimônio histórico e artístico, iniciou o chamado "ciclo mineiro" na sua pintura. Veio a convite do prefeito Kubitscheck para dirigir, no início do ano de 1944, o curso livre de desenho e pintura da Escola de Belas Artes – por onde passaram, entre outros artistas plásticos, Amilcar de Castro, Farnese de Andrade e Lygia Clark. Permaneceu à frente da escola até 1962, quando ela passou a se chamar Escola Guignard, em sua homenagem.[10]

Em 1944, a livraria Cultura Brasileira, situada na cidade na Rua São Paulo nº 552,[11] instituiu pela primeira vez o "Prêmio Diogo de Vasconcelos" para "trabalhos de erudição" em História, Sociologia, Filologia, Etnologia sobre Minas Gerais, a ser avaliados pela Academia Mineira de Letras.[12] Em sintonia com alguns processos editoriais em voga, cuidou da edição do texto premiado de João Camillo e chamou Guignard para a sua feitura.

As imagens em *O homem e a montanha* expressam, entre outros aspectos estéticos e simbólicos, um lirismo requintado e os traços detalhistas de Guignard em diálogo com o texto, sugerindo um processo

---

[9] Cf. jornal *Estado de Minas*, Belo Horizonte, 2 abr. 1944, p. 5.

[10] Segundo entrevista com João Camilo Oliveira Torres Neto, filho do escritor, em 26/05/2009, em Belo Horizonte, seu pai fez parte do grupo de acadêmicos que fundou a Escola Guignard – desde 1994, a instituição tornou-se Fundação Escola Guignard, integrando a Universidade do Estado de Minas Gerais (UEMG).

[11] A livraria Cultura Brasileira, cuja filial era a Livraria Anglo-Americana (situada na Rua dos Carijós nº 279), produzia estratégias comerciais de valorização do livro como a impressão de marcadores que estampavam, além do logotipo do estabelecimento, o desenho de um leitor sobre parte do mapa de Belo Horizonte, em forma de coração, marcando o endereço central da livraria, e com a seguinte citação: "O seu êxito na vida depende de sua cultura". Cf. DELGADO, Márcia Cristina. *Cartografia sentimental de sebos e livros*. Belo Horizonte: Autêntica, 1999, p. 151.

[12] Cf. texto de orelha da 1ª edição de *O homem e a montanha*.

instigante de complementaridade entre ambos os autores. Contudo, pode-se supor que o trabalho do ilustrador comporia nesse livro *outro* texto. Seus desenhos enunciariam e marcariam também as *singularidades mineiras* – um dos focos defendidos pelo ensaio – através do que é construído para mostrar o relevo montanhoso, as catas auríferas, os sobrados e as igrejas, além de serestas, padres e bacharéis. E estariam ainda afinados com a então proposta editorial-gráfica, *moderna*, que concedia à imagem a experiência cognitiva e simbólica, no sentido de suscitar outras representações a ser construídas pelo leitor.

Assim é que o livro *O homem e a montanha* não deixa de indicar sua evidente contemporaneidade com as edições literárias e ensaísticas do período, em geral, ilustradas, bem acabadas e comercialmente valorizadas.[13] Sobretudo, se nos lembrarmos de que, a partir da década de 1930 e nos principais eixos editoriais do país, alguns projetos de livros e suplementos literários se abriram às artes plásticas, apresentando trabalhos de importantes artistas como Darcy Penteado, Oswaldo Goeldi, Aldemir Martins, Lasar Segall, Carybé, Candido Portinari, Tomás Santa Rosa, Cícero Dias, Djanira, J. Carlos, Lívio Abramo, Poty, entre outros.[14]

De formação fortemente católica, João Camillo de Oliveira Torres mantinha contatos e correspondência permanentes com o chamado Círculo Católico, no Rio de Janeiro, que congregava pensadores como Alceu Amoroso Lima, Manuel Bandeira, Afonso Arinos de Melo Franco, Sobral Pinto e Hamilton Nogueira. O Círculo, formado por intelectuais de formações diferenciadas, propunha o retorno a valores religiosos tradicionais, bem como a unidade do grupo pela convicção de que o escritor deveria se comprometer com questões de teoria política e social, além de intervir publicamente.[15] Um dos autores inspiradores para o pensamento de João Camillo, a essa época, como revela o ensaio *O homem e a montanha*, é exatamente G. K. Chesterton,

---

[13] Também é editado na cidade, em 1944, o livro de Salomão de Vasconcelos, *Bandeirismo*, que contém mapas, fotos e desenhos, além da capa de forte apelo gráfico e visual. Outro exemplo, entre outros, de uma proposta editorial que realça elementos ligados à imagem é o livro de Cassiano Ricardo, *Marcha para Oeste*. Rio de Janeiro: J. Olympio, 1940, v. 1 e 2.

[14] Cf. HALLEWELL, Laurence, *op. cit.*, p. 497.

[15] Cf. HALLEWELL, Laurence, *op. cit.*, p. 423.

admirado pelos intelectuais daquele grupo pela sua militância cristã e, nos seus termos, por ser um escritor socialmente engajado.

Em Belo Horizonte, João Camillo convivia com pessoas de pensamentos diferentes nos assuntos de política e de religião. Além de seus colegas na academia, frequentava os padres da Igreja de Santo Antônio (no bairro de mesmo nome), da Igreja de Lourdes e alguns adeptos do socialismo cristão que poderiam vir a compor parte do que mais tarde, nas décadas de 1960 e 1970, seria denominado de "Esquerda Católica". E, em matéria de amigos, João Camillo, um moderador, ligava-se a tipos humanos distintos, como os itabiranos Clóvis Alvim e Virgílio Santos Andrade, os professores Radamés Teixeira, Antonio de Lara Resende, Francisco Iglésias, Raimundo Nonato, políticos como Magalhães Pinto, o frei Leonardo Boff e o bispo D. Cabral.

Ainda que opositor do governo João Goulart e de certa forma simpático ao ideário udenista, João Camillo tornou-se ativamente crítico contra a violenta perseguição do regime militar aos democratas e militantes socialistas. Ele acolheu no próprio apartamento, em Belo Horizonte, professores e estudantes mineiros perseguidos pelo exército[16] – fazendo parte, como tantos outros homens e mulheres, de uma rede de resistência solidária, silenciosa e muito eficaz na cidade.

A pecha de reacionário atribuída a João Camillo de Oliveira Torres e outros intelectuais como Manuel Bandeira, Gilberto Freyre, Nelson Rodrigues, Lúcio Cardoso, Antônio Olinto, Otto Maria Carpeaux, durante os anos mais duros do regime militar, é conhecida e teria sido desencadeada por quadros do Partido Comunista com os quais, em razoável medida, essa esquerda não teria como concorrer no campo do livre debate.

Segundo alguns dos que o conheceram na intimidade, como o filho, João Camilo Oliveira Torres Neto, e Raimundo Nonato,[17] o professor era um sujeito metódico, dedicado com obstinação ao

---

[16] A referência ao forte catolicismo do autor e a sua reação à censura e perseguição do regime militar no país nos foi fornecida também pelo seu filho, João Camilo Oliveira Torres Neto, em entrevista, no dia 26/05/2009, em Belo Horizonte.

[17] Entrevista feita com o professor Raimundo Nonato em sua casa, em Belo Horizonte, em 17/12/2008.

trabalho acadêmico e convicto de que a seguridade social *salvaria* o Brasil dos males históricos da desigualdade, mas ferrenho opositor dos usos políticos desse instrumento. Acreditava nas ações do "Estado benfeitor" e deixou marcada essa posição em vários artigos pela imprensa. Faleceu, em 1973, de problemas cardíacos, despachando na sua mesa de trabalho no Instituto de Aposentadorias e Pensões dos Comerciários (INAMPS), em Belo Horizonte.

Mas, antes de comentar aspectos do ensaio em questão, seria preciso situar a presença de João Camillo de Oliveira Torres no campo dos escritores das ciências sociais e indicar alguns dos elementos constitutivos da historiografia praticada no país, na década de 1940.

Nesse período, a história ainda ensaiava seu campo disciplinar e de conhecimento no Brasil, mas não se pode dizer o mesmo sobre uma prática já consolidada de uma escrita da história, multifacetada e produzida em diferentes lugares sociais e institucionais.

Na década de 1930 são criadas a Universidade de São Paulo e a Universidade do Brasil, no Rio de Janeiro.[18] Contudo, os cursos de Licenciatura, particularmente os de História (nas Faculdades de Filosofia, Ciências e Letras), só foram instituídos lentamente nas décadas seguintes, como ocorreu em alguns estados brasileiros, caso de Minas

---

[18] A primeira universidade brasileira, Universidade do Rio de Janeiro, foi criada em 1920, pelo Decreto nº 14.343. Na década de 1930, seus cursos foram transferidos para a Universidade do Brasil pelo Ministério da Educação e Saúde, como parte do projeto universitário do governo Vargas. O estado de São Paulo construiu à época um projeto acadêmico-científico para a criação da sua universidade (USP), a partir de 1934, liderado por Fernando de Azevedo, Julio de Mesquita e Armando Sales de Oliveira e incentivado pelo governo do estado, além do jornal *O Estado de S. Paulo*. Com essa universidade nasceu a Faculdade de Filosofia, Ciências e Letras. Nessa época, é aprovado pelo governo federal o Estatuto das Universidades Brasileiras (de 1931, com vigência até 1961), reunindo universidades públicas e privadas com os cursos de Direito, Medicina, Engenharia, Educação, Ciências e Letras. A título de nota, na década de 1940 a História do Brasil se separou da História Geral no ensino secundário, pelo Decreto-Lei nº 4.244/42, da Reforma Capanema – tendo como um dos seus objetivos a defesa da história nacional e da educação moral e cívica. Cf. RIBEIRO, Darcy. *Aos Trancos e Barrancos – como o Brasil deu no que deu*. Rio de Janeiro: Guanabara, 1985, verbetes 395-1021.

Gerais, devido possivelmente à inexistência de um campo intelectual definido e autônomo para essa área de estudo, que justificasse tal investimento.[19]

A tendência ainda incipiente em delinear o campo acadêmico do historiador no Brasil – campo de conhecimento de transição entre os autodidatas, os *amateurs* e os profissionais – foi gradativamente alterada com o desenvolvimento de pesquisas e esforços para publicação de projetos editoriais de livros, álbuns e revistas, bem como pelos diálogos profícuos entre professores franceses e intelectuais das Faculdades de Filosofia de São Paulo e do Rio de Janeiro após a Segunda Guerra – apesar das desconfianças do governo em relação aos estrangeiros.[20]

O fato é que entre nós os estudos históricos prosseguiam marcados por uma concepção de história em geral descritiva e factual (mas nem por isso sem importância) e com muito a se fazer com relação às pesquisas documentais.[21] Devem ser sublinhadas nesse período edições de interesse historiográfico referentes a ocupação territorial, biografia, administração, economia e política.

O "escritor de história" comumente era um polígrafo com atuação no parlamento, na diplomacia, na imprensa, na advocacia e no ensino. Some-se a esse perfil um interessado nos campos da Geografia, das

---

[19] Em Minas Gerais, a primeira instituição de nível superior foi a Escola de Farmácia de Ouro Preto, criada em 1839. Em 1875 cria-se a Escola de Minas e em 1892 a Faculdade de Direito, transferida para Belo Horizonte em 1898, com a mudança da capital. A Escola Livre de Odontologia é de 1907, poucos anos depois são criadas a Faculdade de Medicina e a Escola de Engenharia. A proposta de uma universidade estadual só veio a se concretizar em 1927, com a fundação da Universidade de Minas Gerais (UMG), privada, subsidiada pelo estado e instalada a partir da união de quatro escolas de nível superior existentes em Belo Horizonte. A UMG permaneceu na esfera estadual até 1949, quando foi federalizada; ainda nessa década, foram incorporados terrenos ao seu patrimônio imobiliário na região da Pampulha, para a construção da Cidade Universitária. Cf. www.ufmg.br/80 anos.

[20] Para as áreas científicas vieram para o Brasil professores italianos e alemães; para a área das humanidades, professores franceses como Henri Hauser, Eugène Albertini, Émile Coornaert, Fernand Braudel, Jean Gagé, que ministraram cursos acadêmicos e proferiram palestras em São Paulo e no Rio de Janeiro.

[21] RODRIGUES, José Honório. *A pesquisa histórica no Brasil*. Rio de Janeiro: INL/Departamento de Imprensa Nacional, 1952, p. 214.

artes, das línguas, das devoções religiosas, dos ritos e festas populares. Sem formação acadêmica específica, mas de "bons nervos", conforme expressão elogiosa e de uso corrente na imprensa carioca, esse historiador transitava entre seus temas e outros afins como produtor de romances históricos, prefaciador de livros de assuntos correlatos, editor de documentos *raros*, comentador, redator de compêndios escolares e ensaísta histórico – ainda que pouco empenhado nas questões sobre a teoria da história e as práticas de pesquisa.[22]

Algumas das *virtudes* do historiador eram também reiteradamente marcadas, integrando no período alguns dos pareceres de membros da Academia Brasileira de Letras e do Instituto Nacional do Livro: seu reconhecimento entre intelectuais e instituições culturais, investimento na estrutura narrativa para um "bom estilo histórico" e apreço a temas que expressassem os interesses da "comunidade imaginada", a nação.

Falcon, em resenha sobre o livro de Ângela de Castro Gomes, *História e historiadores*, corrobora essa posição ao comentar que esses escritores "eram, salvo honrosas exceções de sempre, 'presentistas' competentes na manipulação de biografias, textos e juízos de valor, mas não eram, em geral, historiadores profissionais".[23]

As elites letradas brasileiras e as principais instituições culturais e de ensino de então lidavam também, e no geral, com uma dada política de memória, com discursos recorrentes dos mesmos focos e dos mesmos fatos da história nacional, empenhados nas grandes sínteses da Colônia à República.[24]

Os desdobramentos dessas concepções sobre a história brasileira são muito conhecidos nos embates travados pela historiografia

---

[22] GOMES, Ângela de Castro. *História e historiadores*. Rio de Janeiro: Fundação Getúlio Vargas, 1999, p. 37-38. Aqui, como exemplo, não deveria ser negligenciada a posição crítica já assumida pelo historiador João Ribeiro, que faz referência sobre a atribuição de sentidos, operada e orientada pelo seu tempo presente para conformar o texto de história.

[23] FALCON, Francisco José Calazans. História e cultura histórica /resenha. *Estudos Históricos*, nº 19, Rio de Janeiro, 1997. Disponível em: <http://www.cpdoc.fgv.br/revista/asp/dsp_edicao.asp>, p. 3. Acesso em: 22 ago. 2009.

[24] Tal assertiva pode ser comprovada em geral nos materiais didáticos, na definição dos currículos e nos programas escolares do período.

contemporânea frente a tais formulações tradicionais: a marca de segurança sobre a idealização de um passado *único* capaz de encontrar as chaves explicativas do presente pela construção de retificações e por meio de um historicismo passadista, romântico e ainda imbuído das promessas de continuidade do tempo a ser revigorado. Tempo revigorado porque essa concepção é em geral restauracionista e sujeita à ideia de que "o melhor está no passado", porque se concebe a restauração como progressista e saúda essa regressão ao passado como progresso.

O acadêmico João Camillo de Oliveira Torres já era um historiador respeitado na década de 1950 e fazia parte do círculo ainda restrito de historiadores mineiros profissionais. Na década de 1960, delineou um projeto que reuniria e complementaria sua produção intelectual, o que ele nomeia de "plano geral" de interpretação da realidade brasileira baseada na história das ideias políticas. É de grande interesse historiográfico conhecer esse esforço de João Camillo, pois não são muitos os autores que tentam organizar a sua própria obra em vida, emprestando-lhe sentidos, o que possibilita criar uma fonte de pesquisa bastante significativa para os historiadores e os leitores sobre o Brasil.

No prefácio de a *Interpretação da realidade brasileira*, de 1969, ele fixa doze livros (concluídos ou em via de conclusão, publicados ou parcialmente publicados) que deveriam compor aquele plano. Seu maior interesse, segundo ele próprio, seria analisar os fundamentos da nossa cultura política, esboçar e sintetizar as mais expressivas tentativas da interpretação política do Brasil, incluindo as doutrinas, as ideologias, as instituições e os processos históricos que acompanharam e moldaram esses fenômenos.[25]

Já *O homem e a montanha*, dedicado "à Itabira do Mato Dentro e à velha Fábrica do *Girau*", parece ter encontrado para o seu autor um lugar bem distante na sua produção, algo como uma aventura ensaística da mocidade.

Possivelmente influenciado pelos *antigos* estudos corográficos, bastante usuais entre alguns autores, como nos textos dos correspondentes

---

[25] TORRES, João Camillo de Oliveira. *Interpretação da realidade brasileira*. Rio de Janeiro: J. Olympio, 1966, XIV-XV. (Coleção Documentos Brasileiros).

para a *Revista do Arquivo Público Mineiro*, pelas narrativas de memorialistas sobre histórias municipais (como Serro, Sabará, Conceição do Mato Dentro), João Camillo se vale também de um conjunto diversificado de fontes e de interpretações (nos campos da Sociologia, da História e da Etnologia) para conceber esse ensaio sobre Minas Gerais, um texto de introdução. De introdução, mas que contém, a nosso ver, os pressupostos em voga de vincular o estudo do regional com o nacional, o que marca o tema da *formação*, tendência observada em alguns dos livros editados das ciências sociais e de crítica literária nesse período, no Brasil.

Em uma das suas primeiras notas, a quinta, está dito que o ensaio é uma introdução ao projeto do autor de realizar um "estudo minucioso das áreas culturais de Minas", proposta também explicitada já no início do livro, quando é feita referência ao método empregado:

> Não tem este trabalho, afinal, outra pretensão que a de introduzir a pesquisa social no nebuloso mundo da vida cultural de Minas. É uma introdução apenas, e introdução aos problemas. Há um trabalho preliminar a toda investigação científica, um trabalho de teoria do conhecimento em ação, e que consiste em descobrir os problemas. Antes de qualquer coisa é necessário saber quais os fenômenos que são importantes, os que devem ser estudados e que merecem a atenção dos investigadores. Iniciar a pesquisa antes desse trabalho preliminar somente pode ter como resultado [...] o caos e a confusão aumentados. [...] Os estudos lentos e minuciosos, as pesquisas demoradas através dos arquivos, virão depois. [...] Este é o mapa geral; as cartas das regiões mais importantes virão depois, se for possível.[26]

João Camillo de Oliveira Torres planta uma tese de inspiração "determinista" e amparada pelo "paradigma geográfico tradicional", em curso no país até a década de 1950. Nesses termos, a situação geográfica e topográfica conformou Minas Gerais e os mineiros, ainda que a combinação de fatores como a economia fugidia da mineração, a vida urbana e o municipalismo, o fisco, as ideias europeias da Ilustração, o Cristianismo e o espiritualismo influíssem decisivamente naquela conformação.

---

[26] Cf. Introdução de *O homem e a montanha*, p. 64.

O narrador, construído pelo autor, aspira desenhar um retrato psicossocial do mineiro e, por vezes, sugere a matéria diversa que tinha em mãos para conceber essa empreitada, de muitos tons e formas para abrigar tal perfil. Ao longo da narrativa, parece, enfrenta um paradoxo importante, pois quer encontrar aqui uma profunda unidade cultural e humana, sedimentada pelo tempo. Recupera um passado em interação com o *seu* presente, formando um só tecido contínuo, alimentado por um itinerário de vidas, de regiões correlatas, de memórias sobre memórias e todo esse esforço represado metodicamente para delinear um ser, o *mineiro*, ajustado objetiva e subjetivamente à paisagem montanhosa. Ou, como ele mesmo diz, um mineiro "longe [afastado pelas] muralhas tristes e severas das montanhas azuis", que forjou fazeres produtivos na escala das possibilidades do meio físico para construir uma "cultura singular".

> Todas as povoações "mineiras" parecem estar no fundo de um poço; temos que olhar muito para cima, quase na vertical para ver o céu azul, às vezes [...]. A mina é um centro de caminhos divergentes. Na superfície da terra um ponto apenas: o negro orifício da entrada. E o lugar habitável mais próximo é a encosta suave do contraforte da montanha, é a confluência das ribeiras no fundo do vale.[27]

A montanha ocupa nitidamente um lugar central nesse ensaio – do título à conclusão do volume. É a partir desse lugar que o narrador também olha e reflete, ou seja, na área *central* e montanhosa de Minas Gerais, polo político-administrativo e cultural. As reiteradas menções sobre a figura da montanha tentam conformar todo o espaço de Minas Gerais, no qual foram empreendidas as condições materiais e simbólicas da existência dos grupos humanos. "As cidades [mineiras] nasceram na 'palma da mão' ou atravessando 'os dedos', ligando vale a vale [com o povoamento ocorrendo nos contrafortes] da grande montanha de cujo seio vem as águas [...], guardando dentro de si a 'mãe de ouro', arisca e fugidia". E desse "casamento do homem com a montanha" nasceu uma civilização mineira, "nitidamente urbana e burguesa".

Mas a montanha, pode-se aduzir, não é somente a força viva do monumento mineral. Ela representa mais para o narrador: faz o homem

---

[27] Cf. Capítulo III, "O latifúndio em profundidade".

mineiro "silencioso, sóbrio, tradicionalista", "provinciano", "separado do mundo" ("isolando as Minas do mar"), vivendo "para os grupos sociais naturais: a família grande ou pequena", contorce os caminhos e as vias de acesso, formata "a planta alucinada das cidades". As montanhas de Minas determinam "uma grande submissão do homem" e parecem pesar "sobre o coração dos homens", realçando "os efeitos da tristeza produzida pelo clima e pelo solo", pois "o mineiro é triste".[28] "Foi [esse] espírito que fez o mineiro olhar para o céu muito acima das montanhas hostis e suspender a sua incessante procura do metal no fundo da terra."[29]

E esse *espírito* – que o narrador sugere tratar-se por vezes de algo insondável, embora presente – é próprio de uma população que "sempre se achou derramada pelo mapa" ou isolada pelas montanhas com as decorrentes "dificuldades de comunicação". Contudo, mais à frente está dito que "nem somente fardo e os sacos viajam de trem. Ideias também, [pois] as ideias novas nunca haviam deixado de penetrar nas Minas [...] isso mesmo durante a Colônia [...]. Era uma gente em dia com as novidades tempo e com as novidades as mais subversivas".[30]

A leitura de *O homem e a montanha* revela, assim, a vigência (e a influência) de alguns dos paradigmas positivistas e deterministas da Geografia tradicional que se pautam pela objetividade e pela neutralidade. Esses supostos concedem prioridade à natureza ou ao meio físico sobre as relações e o trabalho humanos, o que firma noções como "região natural" e "singularidade regional". A região é definida por uma abordagem estática e fechada como uma entidade geográfica, sem considerar mais detidamente a sua historicidade, a produção do espaço, a identidade cultural e a inter-relação efetiva e fundamental entre os fenômenos *naturais* e sociais – isso fez com que a crítica posterior identificasse nessa visada tradicional a construção de um "artifício locacional" para estabelecer um determinado conceito de região, o que teria resultado na dificuldade em estudar o território na sua perspectiva histórica, social, econômica e cultural.[31]

---

[28] Cf. Capítulo I, "A situação geográfica".
[29] Cf. Capítulo XIII, "À sombra do *poverello*".
[30] Cf. Capítulo XII, "Grandeza e decadência do espírito provinciano".
[31] No Brasil, a partir da década de 1970 a geografia (como outras ciências) passa

Mas nesse ensaio, o narrador nem explicita o conceito de região. Vale-se de noções preexistentes ou dadas pela fixação de certa memória sobre o regional ("natural") e sobre conceitos referentes à formação histórica do território, cunhando a ideia de "centralidade", constituída pelo espaço ocupado pelos antigos núcleos coloniais, e a ideia da *origem*, que se liga também aos sentidos sobre a experiência e o vivido.

Um dos caminhos narrativos propostos passa pela terra natal do autor, Itabira, pela região mineira e em parte pelo país. Ainda que não haja ordem na rota, o suposto impulso inicial da *origem* marca fortemente quase todo o ensaio (podendo incluir até matéria para uma produção ficcional, como atestam algumas de suas digressões), como se o narrador não conseguisse, afinal, afastar-se daquela ou como se eles, autor e narrador (distintos), levassem-na para a construção do texto e nas suas próprias bagagens.

Frémont, estudando as relações dos grupos humanos com a natureza e com o espaço e a sua apropriação incessante através da civilização técnica, menciona a imbricação entre os conjuntos naturais e os espaços econômicos que possibilitam análises e debates sobre temas como nacionalismos e nacionalidades, personalidade coletiva, exaltação de mitos etc. "Seria um erro [diz o autor] não querer reconhecer os componentes físicos dos lugares vividos. Mas devem ser restituídos numa perspectiva recentrada sobre o homem". As combinações geográficas com atividades humanas vividas (de adaptação e de invenção) ou as relações entre os modos de vida materiais e simbólicos com o mundo possibilitam ainda, segundo a sua análise, que certos espaços sejam recriados e tornem-se historicamente "espaços de celebração" ou "espaços domesticados de enraizamento".[32] E é nesse sentido que a marca da *origem*, dependendo das análises formuladas, pode manter-se

---

por debates e revisões teórico-metodológicas e amplia seu objeto de estudo. Foi estimulada também pela necessidade de repensar esse conhecimento na direção da prática social e de "um novo olhar" sobre o espaço – examinando as relações produtivas, a esfera cultural, o problema da identidade regional, o seu conteúdo político e destacando o papel do poder como agente determinante da diferenciação regional. In: BEZZI, Meri Lourdes. *Região: uma (re)visão historiográfica – da gênese aos novos paradigmas*. Santa Maria: Ed. UFSM, 2004, p.155, 230-232.

[32] FRÉMONT, Armand. *A região, espaço vivido*. Coimbra: Almedina, 1980, p. 201-219.

arraigada nos argumentos, impedindo as possibilidades de conhecimento que são oferecidas pela perspectiva histórica sobre esses processos.

A *origem* (geográfica, sociofamiliar) do autor João Camillo sustenta no ensaio a presença da cidade de Itabira – mas não escapam ao narrador justificativas para descrever aquilo que ele diz conhecer bem. Destacamos esta passagem retirada de um texto longo, em que ele indica ruelas antigas da cidade e nomes dos potentados locais, zonas dos sarilhos, das cavas e a área chamada de "boca da mina":

> Em Itabira (geralmente dou exemplos dessa cidade por serem menos conhecidos e que confirmam sempre o que se sabe com mais profundidade a respeito de Ouro Preto, Mariana, Sabará, etc.), a povoação começou pela capela do Rosário, no local onde há uma igreja de feição bem arcaica. É um pântano bem no fundo do vale, na base do Cauê, todas as águas que descem da montanha confluindo no local. Ali se achou o primeiro ouro e fez-se a capela.[33]

O narrador empreende defesa clara do *homo faber* ao indicar que "a dignidade do trabalho economicamente útil e seu valor humano são duas conquistas pertencentes ao legado que nos deixou a Idade Média [e] essa herança medieval é um valor positivo que não pode ser desprezado".[34] Essa referência parece também combinada à mesma questão da *origem*, pois, mesmo que o grupo familiar do autor não seja explicitamente mencionado, ele não está de todo ausente no ensaio.

João Camillo de Oliveira Torres, filho de pai de mesmo nome (agricultor e inspetor de linhas telegráficas e de fortes convicções políticas e nacionalistas) e de Rosa de Assis de Oliveira Drummond, tinha por avô paterno Luís Camillo de Oliveira Penna – marcante presença na vida e na produção intelectual de João Camillo e na do seu irmão, Luiz Camillo, pesquisador da história brasileira, diretor da Casa de Rui Barbosa, no Rio de Janeiro, entre outras atividades.

O avô, "um mestre ferreiro que lia Cervantes",[35] foi fundador da Fábrica do *Girau*, em Itabira, em meados do século XIX. A fábrica

---

[33] Ver Capítulo III, "O latifúndio em profundidade".
[34] Cf. Capítulo IX, "Onde encontramos o *homo faber*".
[35] Cf. PENNA, Maria Luiza. *Luiz Camillo – perfil intelectual*. Belo Horizonte: Ed. UFMG, 2006, p. 46.

constituía um polo manufatureiro responsável pela produção de espingardas de bom teor de aço, de pólvora de qualidade, além de outros artefatos, utilizando o ferro do pico do Cauê (de rochas magmáticas) e as águas que confluíam das serras locais. Formava um típico complexo econômico – característica de algumas das unidades produtivas mineiras nesse período – incluindo forja, setores de fundição, mecânica, fornos, pilagem de carvão e de enxofre, além de abrigar uma fabriqueta de artigos de couro, as casas do proprietário e dos trabalhadores e ainda atividades agropastoris de subsistência.[36]

Em 1910, uma associação dos grupos capitalistas Banung Brotthers, Cecil Rhodes, E. Cassel, De Candolle e C. Rotschild comprou por 400 contos de réis as três jazidas itabiranas do Cauê, da Conceição e de Santana (com aproximadamente 328 milhões de toneladas de minério), além da Fábrica do *Girau*, por 160 contos de réis, o que causou divergências familiares, já que teria sido considerado por alguns dos Camillos "o pior negócio feito no hemisfério ocidental".[37]

De todo modo, esse empreendedorismo *burguês* do velho Luís Camillo parece ter marcado o autor desse ensaio e de outros livros, como *Interpretação da realidade brasileira*, de 1969. Nessa obra, João Camillo narra uma passagem vivida com o avô e manifesta alguma concordância com o que esse lhe diz: "Se os homens fossem perfeitos, o regime ideal seria a monarquia absoluta. Mas, como os reis são sujeitos a erros, precisamos de constituições para limitar-lhes o poder". E João Camillo comenta que "depois de uma pausa, como a querer esclarecer dúvidas", o avô arremata: "Mas, nada de fidalguias!".

Escrito durante a Segunda Guerra e a ditadura Vargas, pensamos que *O homem e a montanha* não deveria ser lido sem referências sobre esse contexto, mesmo que tal aspecto esteja silenciado no volume. Pois parece ficar para o leitor a impressão de que aquela realidade histórica, da perspectiva do nacionalista João Camillo, fica comunicada, e por algum diálogo, com o "espírito" da terra mineira que se apresenta então, nessa narrativa *fora do tempo* ("em conserva") ou à margem não

---

[36] No jornal *A Manhã*, Rio de Janeiro, ano VI, nº 1.482, de 09/06/1946, há matéria sobre a Fábrica do *Girau*, com o título "A primeira fábrica de armas e munições", com créditos para Maurício & Maurício.

[37] Cf. PENNA, Maria Luiza, *op. cit.*, p. 46.

somente de mudanças, mas também de investigações e de estudos de cunho histórico e sociológico mais atualizados.

Parece-nos também que o ensaio foi construído possivelmente diante do impacto da implantação da Companhia Vale do Rio Doce (CVRD) em 1942, em Itabira. E esse fato, deve-se observar, não foi absorvido de pronto pelos itabiranos – como nos revelam, à época, relatos da imprensa da cidade. É provável que para isso tenham concorrido as incertezas e as dúvidas acumuladas pela crise econômica vivida pelo município, desde os inícios do século XX, certamente conectada às alterações do capitalismo internacional com duros revezes sobre setores econômicos tradicionais de transformação ainda vigentes na *periferia*.

Assim é que a venda da velha Fábrica do *Girau* também deveria ressoar ainda na década de 1940, em João Camillo, um dos herdeiros e possivelmente atento às mudanças e aos sinais efetivos do tempo, tempo em que a cobiçada montanha de minério, em Itabira, estava de pé. Como diz o escritor itabirano Clóvis Alvim, os seus conterrâneos se identificavam fortemente com o pico, "projetando nele as suas qualidades e defeitos, [pois] o Cauê falava ou calava-se, conforme as circunstâncias. Mudo como o Cauê. Soberbo como o Cauê. Lá está ele, imperecível, no brasão da cidade".[38] E, aqui, se tal licença valer, seria possível pensar que soaria ficcional se fosse revelado aos então habitantes e filhos da terra, diante da incessante e da arrasadora exploração mineradora ocorrida nas décadas seguintes, o futuro reservado ao pico do Cauê: suprimido da paisagem itabirana.[39]

---

[38] Cf. ALVIM, Clóvis. Escritos bissextos In: ANDRADE, Mariza Guerra de. *A educação exilada – Colégio do Caraça*. Belo Horizonte: Autêntica, 2000, p. 53.

[39] "No começo deste século a questão das reservas minerais passou a constituir um problema para os países ricos. Em 1910, em Estocolmo, é realizado um congresso mundial por iniciativa dos EUA (Theodor Roosevelt) para tratar do estudo dos recursos naturais e sua utilização. A revelação do potencial mineral de Minas Gerais – avaliado em 3 bilhões de toneladas – chama a atenção internacional para o município de Itabira. Em 1911, é criada a *Itabira Iron Company Limited*, um forte grupo financeiro composto de banqueiros e industriais – que comprou o Pico do Cauê, a arrebatadora "montanha de ferro" – e que movimentaria a vida brasileira por três décadas (em torno da figura do empresário Percival Farquhar que comprara a Itabira Iron em 1919), com reação vigorosa dos engenheiros da Escola de Minas de Ouro Preto, liderados pelo professor Clodomiro de Oliveira, que fora secretário do presidente de Minas e depois do Brasil, Artur Bernardes (ex-aluno do Caraça), um nacionalista quanto ao tema mineração e siderurgia em Minas". Cf. ANDRADE, Mariza Guerra de, *op. cit.*, p. 56.

João Camillo era leitor de Max Scheler, filósofo e sociólogo organicista alemão, conhecido por seus trabalhos sobre *fenomenologia*, *ética* e *antropologia filosófica*. Considera bem fundadas algumas das análises de Scheler sobre o "modo de olhar" do indivíduo a partir da sua posição social, mas defende, dialogando com esse autor, que a produção da ideologia não é necessariamente de classe e que mais importante do que uma ideologia é (ter) uma doutrina, porque ela permite a busca pela "justificação da verdade". Advém das teses daquele filósofo a noção das "fundações afetivas do conhecimento", que João Camillo incorpora, pois considera que há uma decisão (afetiva), ainda que inconsciente, do leitor, do escritor, do pensador em abraçar um tema, em escolher um método de trabalho e de exposição.[40] Essa *afetividade*, que não é apenas "um apetite intelectual", explicaria em parte, no seu sentido precisamente metodológico, a relação eletiva (e espiritual) entre o autor e o seu objeto de estudo.

Também o autor parece bastante influenciado pela historiografia francesa, notadamente por Henri Pirenne, fazendo uso da edição espanhola de sua *História social e econômica da Idade Média*, de que se vale o seu narrador para compreender a formação e a constituição histórica das cidades mineiras. Nesse texto, são utilizados termos também fixados por aquela historiografia – como burguês, feudal, suserano, comuna –, transplantando-os problematicamente para o caso mineiro, o que nos mostra a sua concepção sobre como ocorreu o processo de povoamento, de ocupação e de organização urbana: das datas aos arraiais e às cidades.

Espelhando o seu objeto nos pilares históricos da democracia moderna ocidental e "nas práticas administrativas das comunas medievais [francesas]", o narrador defende que "em Minas já existiam [...] todos os elementos para a existência de uma consciência política. A Inconfidência Mineira foi uma amostra de como já começara a aparecer o povo brasileiro em Minas. Um povo e não uma multidão anônima".[41]

O marco temporal para a estruturação do argumento de *O homem e a montanha* é a sociedade mineira colonial regulada pelo Estado

---

[40] TORRES, João Camillo de Oliveira. *Interpretação da realidade brasileira*, p. 3-9.
[41] Cf. Capítulo VII, "As Câmaras Municipais".

metropolitano por meio de um complexo sistema burocrático com leis, funcionários, instituições e impostos. É de interesse marcar o título e conteúdo do longo Capítulo II, "Meditação sobre a Guerra dos Emboabas", no qual o narrador entra duplamente pelo território mineiro (pela narrativa empreendida e se valendo dos agentes históricos do período), expõe questões (sobre paulistas, índios, mestiços, raça, etc.), amarrando-as, de algum modo "meditativo", a alguns dos problemas teórico-metodológicos do ensaio.

Ainda que o texto lamente na época a falta de pesquisas sobre o tema das Câmaras Municipais, elas merecem um capítulo em que são indicadas questões referentes: "Que fizeram as câmaras no Brasil ou em Minas, pelo menos? Realizaram o ideal social incluído na teoria?". Fica evidenciada a posição republicana do narrador que, contudo, opera a proeza de mover a vida municipal da Colônia à República como se esse processo fosse único e contínuo – "os modos do primeiro fazer política ficaram impregnados dos processos derivados e originados desta situação permanente: o municipalismo". São reforçadas as noções sobre a "intensidade da vida municipal", a interpenetração da cidade com o campo, o comércio gerado com as rotas de abastecimento, as rotas e as ruas, o espírito de compreensão da vida pública, que teriam gerado a característica municipal, chave para compreender Minas Gerais. A vida em cidade, no texto, assume não apenas a noção de "célula da pátria", mas também um aspecto constitutivo do temperamento do mineiro, o de ser "intransigentemente municipalista". Enfatizando essa vida pública, que o narrador quer ativa, a última frase do livro é emblemática: "Ora, sempre os mineiros estiveram presentes".

Esse ensaio de 1944 tem certa respiração e marcação modernistas pelo estilo mesmo da narrativa – estilo detectado por nós, como leitores. Ao comentar com acuidade o material cultural (que o narrador chama de "folclórico", conforme expressão corrente no seu tempo), por exemplo, sobre o ciclo natalino, vale a pena destacar este trecho em meio a outras observações:

> A base sobre a qual repousa todo o edifício é de autênticos autos de origem portuguesa. Agora, sobre esse tecido, a imaginação popular bordou coisas incríveis. Como disse, o material é enorme, e creio

que somente Mário de Andrade seria homem de fazer qualquer coisa de definitivo sobre a questão.[42]

O narrador é escritor erudito, demonstra domínio da língua latina ou, quando muito, pratica a chamada *boa* escrita, ao enxertar a língua portuguesa com expressões latinas, procedimento usual de uma elite letrada de então, formada por um modelo literário herdado da cultura clássica ou greco-latina. Faz longas citações em francês, utiliza expressões inglesas, elabora digressões e notas de referência sobre suas fontes, cita adágios e poemas, transcreve versos da Arcádia mineira, entre outros exercícios estilísticos – como a escolha de títulos sedutores para os capítulos –, desenvolvendo um hipertexto que permite ao leitor o conhecimento de recursos de que se vale para a construção do texto.

Mas o narrador é também escritor opinioso de uma língua *falável*, coloquial, construindo uma prosa inquieta com ritmo e imagens por meio das ligeirezas de pontos de vista que se permitiu ao tratar do passado mineiro nesse ensaio. Sua prosa revela ainda a escuta de falantes distintos – como gente da terra itabirana, pensadores de vários matizes – expressões, provérbios e associações discursivas no correr do seu tempo ou de épocas bem mais antigas. Há um olhar meditativo do narrador sobre o seu objeto, há ironia e humor sem excessos e, por vezes, se for possível compreender assim, a narrativa é também movida por astúcias que indicam traços do processo civilizatório brasileiro, ou seja, brincar pelo jogo simbólico e forte das palavras. Entre algumas passagens de boa monta, podem-se destacar as conjecturas sobre o que teria sido o impacto da estrada de ferro em Minas Gerais, incluindo a saga da sua construção, quando o narrador seleciona esta, tirada de parte da correspondência de um parente do poeta mineiro Emílio Moura dirigida a este: "Não há melhor isolante que a distância. Para a eletricidade e para as ideias".[43]

As longas transcrições constantes no volume devem ser ressaltadas como uma estratégia do narrador para abalizar o seu texto, identificá-lo com estudos históricos importantes e de repercussão, também à sua época, como *Formação do Brasil contemporâneo* de Caio Prado Júnior,

---

[42] Cf. Capítulo VI, "As diversões são coletivas".

[43] Cf. Introdução de *O homem e a montanha*.

editado em 1942.⁴⁴ Leitor e pesquisador atento de temas mineiros, João Camillo produz um narrador informado, citando autores como Salomão de Vasconcelos, João Dornas Filho, Geraldo Dutra Moraes, José João Teixeira Coelho, Miran Latiff, entre outros. Também lança mão de citações de autores estrangeiros como Marc Bloch, Henri Pirenne, Ortega y Gasset, Max Scheler, Oswald Spengler, Henri Bergson.

Se no curso não esgotado de debates contemporâneos o conceito de cultura revela muito de sua complexidade, sublinhando que a cultura não é autônoma e que nenhuma identidade é fixa ou perene – fazendo com que ambas, cultura e identidade, elaborem rupturas, contenham fugacidade e até por vezes hostilidade diante do mundo⁴⁵ –, muitas das posições do narrador nos parecem hoje superadas. Contudo, devem ser examinadas pela perspectiva historiadora no seu tempo, em que tais debates não eram pequenos diante do vão histórico de expurgo e de violência, também cultural, praticados pelos regimes ditatoriais e pela conflagração internacional.

João Camillo de Oliveira Torres respeita o pensamento culturalista e é admirador de Oswald Spengler, erudito escritor alemão, atormentado com a proximidade da Primeira Guerra e com a *orgie technichen denkes* (orgia do pensamento técnico). Influenciado por essa ideia de futura decomposição cultural do Ocidente,⁴⁶ João Camillo, muito possivelmente leitor de *A decadência do Ocidente*, inspira-se nesse autor, para quem a maioria das civilizações passa por ciclos de vida – com o futuro de irreversível declínio – e o "espírito" próprio de uma cultura não pode ser transferido à outra. Tal argumento provavelmente norteia

---

⁴⁴ Cf. Capítulo XI, "Na fazenda é diferente" – quase todo construído com transcrição do livro de Caio Prado Júnior.

⁴⁵ Cf. COELHO, Marcelo. Clichês de luxo. In: Caderno Mais! *Folha de S. Paulo*, 29/03/2009 – resenha sobre o livro de Teixeira Coelho, *A cultura e seu contrário*. São Paulo: Iluminuras, 2009. Conforme este último autor, é tarefa de cada um de nós e para consigo próprio a ampliação da esfera da presença de seu ser, o que se consegue mudando de lugar no mundo e mudando as fontes de nossas sensações, o que é bem diferente de uma concepção corrente de cultura nacional, em que o importante é "preservar no ser" para manter uma identidade fixa.

⁴⁶ Informação colhida, em entrevista em 26/05/2009, já referida, com o seu filho e o seu neto, Leonardo Gabriel Campos de Oliveira Torres, biólogo, leitor e conhecedor das obras do avô.

algumas das conclusões defendidas nesse ensaio, definido pelo autor como "menos de história que de sociologia ou de etnologia cultural", o que proporcionará aos leitores a reflexão sobre pontos de vista, alguns controversos, diante do complexo processo de formação histórica da sociedade e da cultura em Minas Gerais.

Há, aqui, o suposto de que os grupos sociais são organismos vivos somado ao conceito de "enteléquia social", ou seja, de que haveria "uma forma", "um tipo" que se conservaria, apesar das mudanças. A cultura seria esse "caráter coletivo" – uno e igual a si mesmo – produzido pelos grupos sociais, e "a história [...] o estudo das mudanças sofridas pelas essências culturais". E pode ocorrer que esse "caráter coletivo" permaneça inalterado por longos períodos ou que seja alterado pelo processo da "invasão cultural", através do choque de culturas distintas. Esse arcabouço conformaria, portanto, o estudo do ser social ("o mineiro") e da vida cultural das Minas, que conseguiu sobreviver por meio de uma cultura "em conserva", estimulada pelo isolamento geográfico e topográfico, pelas contingências do processo histórico que "faziam o Brasil fechado às influências europeias" pelo "segregamento colonial" – o que, por outro lado, "não impediu [que também] estivesse aberto às influências africanas".[47]

A ideia de cultura posta pelo narrador sugere uma matriz cultural arraigadamente recuada, conectada a uma herança da tradição clássica, que compreende cultura como "a" cultura – monolítica, superior e necessária. Essa perspectiva se ajusta também à tendência do narrador em classificar seus argumentos, algo como "patamares culturais", indicando o que seria próprio do europeu colonizador, do "povo", do escravo africano. Contudo, as contradições do seu pensamento permanecem evidenciadas quando o narrador, diante da complexidade do campo cultural que examina, resvala, por vezes, para afirmativas como essa: "[aqui ocorreu] a execução temperada e modificada pela ação do negro, presente em tudo".[48]

Se na época da publicação desse ensaio os debates intelectuais em curso no Brasil não tratavam do tema do pluralismo ou do multiculturalismo,

---

[47] Cf. Introdução de *O homem e a montanha*.
[48] Cf. Capítulo VI, "As diversões são coletivas".

tampouco eram valorizados projetos editoriais e de pesquisas sobre o africano e o indígena com seus respectivos repertórios culturais, além de línguas diferentes do português, etc. Ainda que autores como Sérgio Buarque de Holanda, Gilberto Freyre, Mário de Andrade, Caio Prado Júnior e outros já apontassem direções novas para o pensamento social brasileiro, o país era concebido – segundo os termos da Antropologia contemporânea – como mestiço, católico, monoglota, heterossexual e *cordial*.

Leitor de *Casa Grande & Senzala*, o professor João Camillo tenta, pelo narrador, uma análise sócio-histórica das minas "turbulentas". Mas são bastante controversas as suas considerações sobre a vida privada e social, não somente pela extrema generalização, mas por constituírem assertivas não convincentes, sobretudo, por virem sem o exame detido de pesquisas e de argumentos, além de alguns equívocos conceituais e respingados por noções românticas.[49]

Se o narrador de João Camillo fornece pistas de que o autor estava em dia com autores e obras de sua época, chama muita atenção no ensaio a não referência ao clássico *Raízes do Brasil*, de Sérgio Buarque de Holanda, de 1936. É possível pensar que as teses de Holanda sobre as heranças ibéricas do passado colonial e a sua defesa sobre a necessidade de se conhecer o passado brasileiro para dialeticamente superá-lo tenham ido de encontro às interpretações de João Camillo, que silencia sobre essas questões, mesmo que de algum modo pareça tentar, e pela região mineira, alguma interpretação sobre o Brasil.

O ensaio faz indicação sucinta, possivelmente pioneira, sobre alguns modos socioculturais nas *antigas* Minas ao indicar, por exemplo, o exercício de profissões (médico, farmacêutico, bacharel, padre, mascate, caixeiro-viajante), as festas populares e as práticas religiosas – incluindo as ações das irmandades, que, segundo o narrador, assumindo o forte catolicismo do autor, "evitaram a luta de classes no plano religioso".[50]

As menções sobre o sistema construtivo local – "porta adentro" nos sobrados antigos – e sobre os hábitos alimentares então usuais dos

---

[49] Cf. Capítulo XI, "O amor nas minas, as raças e a vida social".
[50] Cf. Capítulo VIII, "A Igreja é de todos os irmãos".

mineiros são de igual interesse,[51] sobretudo se lembrarmos que *O homem e a montanha* é escrito bem antes do clássico *Feijão, Angu e Couve* – ensaio sobre a comida dos mineiros do bibliógrafo Eduardo Frieiro, editado, em 1966, pelo Centro de Estudos Mineiros da Universidade Federal de Minas Gerais.

E é de valia acompanhar a reafirmação, aqui, de alguns dos mitos sobre Minas Gerais que, de resto, são postulados por autores de formações distintas. É possível entrever no ensaio uma narrativa informada por meio de uma rede de transmissão sobre um conhecimento histórico com interpretações ligadas à memória histórica no solo da cultura brasileira. Se esse texto revela relações com a historiografia em curso, revela ainda zonas de sombra e de silêncios, ao privilegiar um "enquadramento da memória" com materiais fornecidos também pela história, o que concede forte credibilidade a essa memória[52] e recupera um "arquivo de memória" sobre o objeto Minas Gerais a partir de decisões e de escolhas tomadas pelo narrador.

Nessa construção, tal memória foi rearranjada e tratou-se de assegurar a sua perenidade, ao serem lançados elementos para a constituição reeditada de alguns mitos sedimentados sobre Minas Gerais como "um espaço de celebração". De todo modo, é o leitor quem poderá melhor avaliar os sentidos das referências apontadas e dos paradigmas aqui assumidos sobre a questão crucial da *raça* (incluindo os clássicos exemplos de Chica da Silva e de Chico Rei), o papel das cidades na história de Minas Gerais, a situação social da mulher e do mestiço, o "espírito" do mineiro, os emblemas reiterados sobre o Colégio do Caraça, entre outros.

Um aspecto relevante, e um dos méritos do ensaio, é a indicação de obras, acervos e fontes documentais. O narrador refere-se à guarda de documentos por instituições, como o Arquivo Público Mineiro, às publicações de materiais de interesse historiográfico pela revista do então Serviço do Patrimônio Histórico e Artístico Nacional, às obras e autores que tratam de temas correlatos (incluindo os "viajantes" do

---

[51] Cf. Capítulo III, "O latifúndio em profundidade".
[52] POLLAK, Michael. Memória, esquecimento, silêncio. In: *Estudos históricos*. Rio de Janeiro: FGV, 1989, p. 8-10.

século XIX), às temáticas ainda não pesquisadas como a questão indígena ("se é difícil o estudo dos negros pela destruição dos arquivos [sic], com relação aos índios a coisa fica muito pior"), à atuação do clero na sociedade colonial ("uma questão envolta na mais espessas trevas"). Também faz chamada atualíssima sobre as fontes orais: "podemos estudar história com pessoas vivas". E menciona, com ênfase, pesquisas e estudos ainda inconclusos sobre Minas Gerais: "Continuo repetindo: é muito pouco".[53]

Conhecido e respeitado pela geração de intelectuais que o acompanhava nos debates acadêmicos e na imprensa e, muito possivelmente, pela ativa publicação de seus livros, nas décadas de 1950 e 1960[54] João Camillo de Oliveira Torres é convidado para o cargo de diretor do Arquivo Nacional, no Rio de Janeiro, mas, por uma saúde já combalida, declinou do convite.

O narrador de João Camillo não está sozinho na dura empreitada de buscar compreender o que são os mineiros. Como se nota na apresentação, de João Antonio de Paula, desta edição comentada, Alceu Amoroso Lima, em *Voz de Minas*, publicado um ano depois de *O homem e a montanha*, em 1945, também procurou por uma unidade dos mineiros e "nos viu com simpatia e generosidade, ainda que nem sempre se possa acompanhá-lo em seus juízos". O livro de Amoroso Lima teve grande êxito no mercado livreiro e, de fato, fez escola, por

---

[53] Ver Capítulo VIII, "A Igreja é de todos os irmãos".
[54] São as seguintes obras de História e de Ciências Sociais de João Camillo de Oliveira Torres editadas na década de 1950: *A crise da previdência no Brasil* (1954), *Democracia coroada* (1957), *Do governo régio* (1958), *Educação e liberdade* (1958), *Propaganda política, natureza, limites* (1959). Na década de 1960, cresce o número de obras e de edições: *Formação do federalismo no Brasil* (1961), *Um mundo em busca de segurança* (1961), *O presidencialismo no Brasil* (1961), *Cartilha do parlamentarismo* (1961), *História de Minas Gerais*, 5 volumes (1961-1962), *Teoria geral da História* (1963), *História da Revolução Francesa (para juventude)*, (1964), *Razão e destino da revolução* (1964), *Instituições políticas e sociais no Brasil* (1965), *O conselho de estado* (1965), *Estratificação social no Brasil* (1965), *História das Minas Gerais (para juventude)*, (1967), *História do império (para juventude)*, (1967), *Os construtores do império* (1968), *Lazer e cultura* (1968), *Estudos sociais brasileiros* (1968), *História das ideias religiosas no Brasil* (1968), *Natureza e fins da sociedade política* (1968), *O ocaso do socialismo* (1969), *Interpretação da realidade brasileira* (1969). A título de nota, são póstumas *A ideia revolucionária no Brasil* (1981) e as reedições de algumas de suas obras.

décadas seguintes, entre alguns estudiosos e entre os que quiseram encontrar aqui uma Minas *barroca* e fortemente identificada com o patrimônio histórico e artístico nacional.

Também Pedro Nava, anos depois, enveredou-se por essa trilha de tentativas para conhecer os *seus* mineiros e para se dar a conhecer a si próprio:

> Trago em mim, vivas como um ferrete – e doendo – as paisagens da minha província. Sua paisagem física e sua paisagem subjetiva. [...] Nosso amor à conversa, nosso 'tédio à controvérsia', nossa aversão à chalaça, nosso gosto pelo *humour*, nossa anteposição à intimidade e nossa decorosa predileção pela cerimônia. Nossa desconfiança, nossa timidez, o jeito arisco, o ar esquivo, um pouco de ronha, muita soberba, mas... a "cabeça baixa". [...] E [...] conservei tudo isso porque não há ausência capaz de destruir o que temos do nascimento e dessa força irresistível do atavismo. Nada pode apagar esse lastro incorruptível, esse sulco misterioso e profundo – marca indelével como a imposição de um sacramento.[55]

Restaria dizer, talvez, neste breve estudo crítico, sobre aquilo que apontou um Drummond, ao questionar essa ambição de espinhos, de juízos e sempre fracassada de querer "condensar" Minas Gerais. Para ele, isso seria "o mesmo que prender o mar na garrafa [...] ou fazer passar a Serra da Mantiqueira pelo fundo de uma agulha". Funcionaria melhor – indica o poeta, que não se afasta de sua *origem*, mas que, de algum modo, transborda o universo dessa cultura e a sua duração – entrarmos nesse território pela metáfora da "'boca da mina', atraindo gente curiosa de descobrir riquezas e desvendar mistérios da terra e do homem [pois] Minas continua, depois da última página".[56]

---

[55] NAVA, Pedro. Marca indelével. In: ANDRADE, Carlos Drummond de (Org.). *Brasil, Terra & Alma*. Rio de Janeiro: Editora do Autor, 1967, p. 96.

[56] ANDRADE, Carlos Drummond de (Org.), *op. cit.*, p. 5-6.

SÉRIE "PENSAMENTO DA PROVINCIA"

João Camillo de Oliveira Torres

O HOMEM
E A
MONTANHA

Introdução ao estudo das influências da situação geográfica para a formação do espirito mineiro

Prêmio *"Diogo de Vasconcellos"* de Erudição da Academia Mineira de Letras, de 1943

★

1944
LIVRARIA CULTURA BRASILEIRA LTDA.
BELO HORIZONTE

A Itabira do Mato Dentro e a velha Fábrica do *Girau*

Parecer de Aires da Mata Machado Filho

O parecer aprovado pelo plenário foi redigido pelo escritor e acadêmico Aires da Mata Machado Filho e está concebido nos seguintes termos:

> Pelo edital oportunamente publicado, a Academia Mineira de Letras deu grande amplitude ao conceito de erudição, atribuindo-lhe o mesmo sentido do *non fiction* dos católicos ingleses, embora nomeasse as ciências contempladas. Daí a multiplicidade dos assuntos, para tormento dos julgadores.
>
> Certos trabalhos devem desde logo ser postos de parte. São estudos breves, meros artigos, que se não enquadram no propósito do certame. Vamos enumerá-los:
>
> "G" – *Humberto de Campos.*
>
> "M" – *Abraham Lincoln (O homem, o político, o abolicionista).*
>
> "Aretino" – *Da conceituação do erro em gramática.*
>
> Resta considerar os seguintes ensaios:
>
> "Dion Cássio" – *Piruruca de Minas Gerais.*
>
> "Morus" – *Navarro. Primeiro Apóstolo de Minas Gerais.*
>
> "João Mandi" – *Monografia da palavra brasílica "Mandú".*
>
> "Neimar Balleiro" – *História da administração da justiça em Minas Gerais.*
>
> "Surra" – *O homem e a montanha.*
>
> ★
>
> O trabalho acerca da piruruca em Minas vai pouco além de variações históricas em torno do diamante, sem ultrapassar o trilhado

e o conhecido. Pouco, muito pouco, trata do assunto indicado na epígrafe. Não me parece à altura de competir com os demais.

O *O Primeiro Apóstolo de Minas Gerais* é uma biografia do padre Aspilcueta Navarro. O autor reuniu e coseu dados concernentes ao grande missionário, em prestadio estudo. Sem embargo, dele não ressalta, em carne e osso, a figura humana do missionário, que se perde nas aspas de várias citas, no descaminho das digressões, no incolor dos lugares comuns.

*

A *Monografia da palavra brasílica "Mandú"* é exemplar como produto de longa paciência e de fervor pelo assunto escolhido. Só que esse, por demasiado restrito, é remora que retarda os passos do autor do prélio em referência.

A pesquisa etimológica e etnográfica do topônimo "mandú" ensejou incursões nos domínios da tupinologia. O Sr. João de Mandi pôde assim revelar copiosa e variada erudição, encaminhada a elucidar os problemas presos ao tema.

A meu ver, porém, o grande mal do livro não está propriamente no particularismo deste, mas no fato de que, no estado atual da tupinologia, muito mais que exaustivas monografias de palavras, insta rever com espírito científico o material carreado pelos primeiros gramáticos e, juntando-o a disquisições atuais, efetuadas com processos e métodos modernos, integrar tudo no amplo quadro da linguística geral.

*

O louvor que logo merece a *História da administração da justiça em Minas Gerais* é a escolha do tema. Veio "preencher uma lacuna". É forçoso recorrer ao velho chavão.

O autor entregou-se a demoradas e fatigantes pesquisas para reunir o material, que andava disperso e agora se encontra ao alcance do estudioso, nessa obra eminentemente prestimosa. Além da oportunidade e da utilidade, importa ressaltar os dons de método e de ordem e a cultura jurídica a secundar a erudição histórica.

Nas poucas oportunidades adequadas a reflexões pessoais, ouve-se o autor com espírito de síntese, só prejudicado pelo tom oratório da linguagem. As frases bonitas e redondas ainda mais avultam perante o estilo econômico dos documentos citados.

*

Na introdução, o autor de O homem e a montanha esclarece o seu propósito. Aspira estudar "formações sociais com espécimens vivos". E acrescenta: "...este ensaio vai ser menos de história que de sociologia ou etnologia cultural... pretendo aqui fazer um estudo sobre as formas de agrupamento social ocorridas em Minas em consequência de estarem os mineiros numa situação geográfica de montanhas e às influências que daí decorreram para a elaboração dos modos de pensar próprios do habitante de Minas Gerais".

O livro quer ser resposta a esta interrogação: "Que repercussões houve para a formação de grupos sociais do fato de ser montanhoso o território mineiro?".

Para o autor, Minas é uma "ilha cultual" e suas peculiaridades ressaltam à luz da teoria sobre as "culturas em conserva". Pretende introduzir as "pesquisas sociais", trabalho preliminar a toda investigação científica, um trabalho de teoria do conhecimento em ação, e que consiste em descobrir os problemas.

Antes de outra coisa, necessário saber quais os fenômenos que devem ser estudados e que merecem a atenção dos investigadores. Iniciar a pesquisa antes desse trabalho preliminar somente pode ter como resultado (a menos que o pesquisador tenha grande poder de intuição, distinguindo os falsos dos verdadeiros problemas) o caos e a confusão aumentados.

O autor visa isolar e situar "os problemas básicos de uma espécie de ecologia do mineiro, isto é, do estudo das relações sociais do mineiro estudadas segundo as perspectivas da situação do mineiro em face da montanha".

Depois do capítulo fundamental acerca da cultura em conserva, trata da situação geográfica, faz sugestiva meditação sobre a Guerra dos Emboabas, examina a original situação do "latifúndio em profundidade" possuído por donos de minas, encara as peculiaridades da formação das cidades mineiras e dos vários núcleos de povoamento, a significação do contato do homem com a ordem administrativa, o fundo coletivo das diversões, a importância das Câmaras Municipais, o influxo da Igreja, notadamente das irmandades, as características da indústria, as relações de famílias e o amor, o teor social da vida nas fazendas e o espírito provinciano, o médico, o farmacêutico, o bacharel e outros "produtores de cultura". Esses vários aspectos da realidade social mineira são vistos do ângulo histórico-cultural em que se colocou o autor.

Os fatos de índole especificamente histórica surgem a título de exemplificação. No entanto, são numerosos e bem aproveitados, particularmente os concernentes à história miúda, tão negligenciada geralmente.

A mediação acerca da Guerra dos Emboabas mostra como se transfigura, à luz da sociologia e da etnografia, a secura de um tema até aqui entregue à visão unilateral de historiadores mal informados sobre a conceituação da ampla disciplina que versam. O estudo das diversões, da influência da igreja, das notas típicas do senhor de minas são outros tantos capítulos reveladores dos fecundos resultados de pesquisas e cogitações sobre o homem e a terra à luz dos modernos princípios da sociologia, da etnografia e da história.

O autor põe em jogo, a par dos conhecimentos especializados, o fruto de variada leitura. Cai por vezes em excessos neste particular, mas o frequente é a oportunidade das analogias, imagens e comparações. A forma, aliás, aqui e ali menos cuidada, é molde de um estilo audacioso e já caracterizado.

O grande mérito do livro é a originalidade, o que não é dizer pouco. Versou temas novos, e os problemas trilhados que ventilou trazem a marca dos métodos e processos que o autor é o primeiro a empregar nos estudos mineiros.

Cumpre reconhecer certa falta de método. É, por assim dizer, defeito da qualidade de quem sente o pulsar de coisas novas e interessantes para dizer. Por sinal, segundo frisa o próprio autor, esse livro é introdução a outros volumes possíveis que o tema comporta sobradamente. Isso explica a falta que se sente de um capítulo final, à guisa de remate.

Ser legível, eis uma virtude própria dos bons livros. O *O homem e a montanha* é convidativo, cativante.

Até onde o meu juízo alcança, cabe o prêmio ao trabalho assinado com o pseudônimo de "Surra".

A novidade do assunto, suscitadora de novas pesquisas, o tratamento que lhe deu o autor, em dia com as últimas conquistas das ciências versadas, o valor de estímulo a quem o merece e não desmerecerá, tudo isso concorre para distinguir o livro em referência entre os demais concorrentes ao prêmio "Diogo de Vasconcelos".

O homem e a montanha

INTRODUÇÃO

O problema da cultura em conserva

É uma comparação velha, de séculos, mas perfeitamente aceitável ao menos como ponto de partida, de que os grupos humanos são organismos vivos. Vale apenas como ponto de partida, não passa de metáfora; é, contudo, mais razoável que as várias tentativas de reduzir o social ao físico.

Ao olharmos os modos pelos quais um objeto material, um organismo vivo e um grupo humano comportam-se com relação à categoria de *movimento*, veremos logo diferenças essenciais. Os entes físicos estão submetidos à lei da inércia; seu estado de repouso e seu estado de movimento dependem de circunstâncias exteriores e transcendentes à sua existência. Já um ser vivo, desde que começa a ser como tal, desde que se forma, parte numa arrancada decisiva, passando por um certo número de situações típicas, devendo desaparecer por fim. As sociedades conhecem uma lei interna de desenvolvimento, de certo modo, análoga ao ser vivo, podendo, porém, conhecer fases de movimento circular, não se alterando a sua feição.[1] Uma sociedade pode "parar", sem envelhecer e sem morrer, como os animais hibernadores. O melhor, portanto, é uma comparação entre as sociedades e os organismos vivos, principalmente no que se segue ao indivíduo.

Discutem muito os sábios a respeito da questão do indivíduo biológico: que existe, a célula ou o organismo? A célula é parte do organismo, ou este um agregado de células? Inegavelmente, o indivíduo leva a melhor; as células acompanham-no em suas situações críticas.

Vejamos o grupo social. A sociologia moderna parte do postulado de que os grupos transcendem aos indivíduos. As questões que entram num compêndio de psicologia (que trata do homem individual em "geral") são completamente diversas das que vemos numa obra de sociologia. O desenvolvimento dos grupos sociais conhece fases como o indivíduo biológico; essas fases não acarretam a velhice ou a mocidade das células, como no caso do organismo. Podemos falar de "velhice" ou da "mocidade" de uma corporação, sem afirmar coisa alguma sobre a idade de seus componentes, o que não se dá em biologia. O indivíduo biológico nasce, cresce, reproduz-se e morre. A sociedade pode ficar girando eternamente no mesmo lugar, num movimento circular que domina literalmente o tempo. Uma rocha não conhece o tempo; é um ser meramente espacial. O ser vivo acha-se submetido ao tempo que o acompanha em todos os movimentos. As sociedades possuem uma existência independente do tempo, podem descrever um ciclo inteiro num ano e o ciclo seguinte em um século.

Modernamente, foi restaurado o velho conceito de "enteléquia" para definir o ser vivo: há uma forma, um caráter, um tipo no ser vivo que se conserva através das mudanças, por meio das mudanças. Assim, a forma humana é facilmente reconhecível num embrião, numa criança, num velho, no homem, na mulher, no branco, no preto, etc. A "forma humana", interna e externa (anatomia, fisiologia, psicologia, etc.), é um processo, é um ser em formação: os cabelos louros são tão tipicamente humanos quanto os pretos. A "enteléquia" social é algo neste estilo; podem mudar os indivíduos: o caráter coletivo, isto que os sociólogos e etnólogos modernos chamam de *cultura*, permanece o mesmo, ainda quando se transforma seguindo o seu processo evolutivo próprio. Apesar das diferenças, há Descartes em Bergson, há Pascal em Bernanos, há D. Quixote em qualquer espanhol. A cultura permanece una e igual a si mesma, ainda quando passam os homens, que a suportam e encarnam. É claro que as culturas conhecem movimentos evolutivos, transformam-se; todas as novas formas, porém, nada mais são que variações sobre o tema principal que, mesmo não se realizando plenamente, está presente em todas as ocasiões. A história é o estudo das mudanças sofridas pelas essências culturais, é a análise das novas formas tomadas por uma cultura determinada. Assim, podemos dizer que os chineses não conhecem história desde muitos séculos, pois a sua civilização estabilizou-se de tal modo que as modificações ali introduzidas de nada alteraram a substância e o conjunto da estrutura do espírito chinês. O que tem havido por lá neste século nada é senão a intromissão da história europeia na história a-histórica dos chineses. (É possível que nasça uma segunda China, como nasceu uma nova Roma da antiga, por volta do século XI em diante, ou as civilizações que já existiram na Espanha).

Pode acontecer, portanto, o fato de uma cultura permanecer igual a si mesma durante séculos, as relações entre as diversas instituições sociais permanecendo idênticas, os modos pelos quais os indivíduos interpretam as realidades sociais não sofrendo alteração essencial, as funções dos diversos grupos não mudando e cada coisa valendo e significando o que sempre fora. Neste caso, não há história nem evolução; a forma da cultura permanece a mesma.

As causas deste fenômeno são de várias espécies. Nas mais das vezes por calcificação senil (isso que Spengler, com muita razão, chama de "povos felás": chineses atuais, os "felás" do Egito, os hindus, etc.). Também pode acontecer isto na situação inversa: os primitivos que não saem do ponto de partida, principalmente devido à ausência da escrita, que é a grande libertadora do domínio da tradição, do governo dos vivos pelos mortos, dos conselhos dos velhos.

Mas isso pode acontecer em qualquer fase da evolução de um povo, por muitos motivos. Um dos principais é o fenômeno da invasão cultural: duas culturas em contato, a superior leva a vantagem; o conjunto da cultura "inferior" passa a viver simbiótica e sincreticamente com outra. As "ilhas" que não são absorvidas pela cultura invasora continuam, no entanto, a sua antiga vida. Privadas, pouco a pouco, de ar, de luz, obrigadas a receber alimentos preparados para outra, têm a sua vitalidade diminuída (no sentido da intensidade e não da extensão). Ficam numa situação de planta de estufa. Ou melhor: de plantas que passassem por uma alteração do clima e do solo nativos, por invasão de outras plantas. Alguns animais dos trópicos (os nossos tatus e preguiças) diferem dos antediluvianos apenas no tamanho. É possível que o "megatério" tivesse por *habitat* um clima supertropical, uma floresta superamazônica. Desaparecendo o ambiente antigo de grande calor, umidade excessiva e gigantescas florestas, fosse o megatério reduzido ao tamanho da preguiça.

Conan Doyle,[1] em romance muito conhecido, fala-nos em um platô amazônico onde um trecho da natureza das idades anteriores ao homem tivesse sido conservado integral (as catástrofes que fizeram desaparecer do planeta os grandes sáurios talvez fossem fenômenos análogos à acima referida invasão cultural: a situação adequada à existência dos gigantescos animais, desaparecendo para dar lugar a um ambiente nocivo). Mas, no platô ficaram os dinossauros, tricecratopos e outros animais, assim, como náufragos numa ilha deserta. As grandes modificações verificadas no conjunto da natureza haviam respeitado aquele lugar privilegiado, onde foram parar exploradores ainda mais privilegiados.

Ora, este fenômeno saído da fértil imaginação do criador de Sherlock Holmes é comum em história. Ilhas culturais temos as que ficam à margem das transformações pelas quais passa a história do país. São lugares onde podemos estudar a vida passada *in vivo*, sem documentos, mas, olhando as pessoas que vivem aquela situação, em outras partes já superada. Isso é muito diferente de uma "cidade morta", de onde já saiu a vida, onde somente temos testemunhas mudas do passado. Aqui temos gente, com roupas modernas, vivendo em outras eras.

No Brasil, em Minas principalmente, isso é comum, e a causa foi um fenômeno de invasão cultural. Muito se tem falado no "segregamento colonial"; razões de ordem econômica, política e religiosa e meramente policial faziam o Brasil fechado às influências europeias. (O que não impediu que estivesse aberto às influências africanas). Assim formou-se um Brasil à margem de um grande número de alterações da civilização europeia (a reforma protestante, o capitalismo, etc.). Fato, aliás, que no Brasil teve os seus melhores defensores – paradoxalmente – nas pessoas dos conhecidos "líderes" positivistas: Miguel Lemos e Teixeira Mendes.[2] A vinda de D. João VI, se por um lado veio confirmar o estado de coisas antigo, pois a Corte dos Braganças

---

[1] N.E.: Arthur Ignatius Conan Doyle (1859-1930), escritor britânico, conquistou fama internacional por suas 60 histórias sobre o detetive Sherlock Holmes, consideradas uma notável inovação no campo da literatura criminal. Seus escritos incluem histórias de ficção científica, novelas históricas, peças, romances, poesia entre outras. O romance "muito conhecido" do autor, conforme João Camillo, é possivelmente *The Valley of Fear* (*O vale do medo*), escrito de início como folhetim e depois publicado em livro em 1915.

tinha os mesmos determinantes que a vida colonial, por outro lado, com a abertura dos portos, começava a nossa comunicação direta com o resto do mundo. E a civilização europeia – "além dos Pirineus" – passou a penetrar no Brasil. Antes, tudo, ideias e roupas, vinha filtrado pela Metrópole. Conhecíamos a Europa através de Portugal. Tanto que dizíamos ser do Reino tudo quanto era produto importado. Assim, a pimenta da Índia era (e é) pimenta do reino; o queijo Suíço, o canário belga, a taquara europeia, eram todos do Reino. Ainda hoje chamamos de "queijo do reino" um produto aclimatado em Palmira (Santos Dumont) há muitos anos.

Da abertura dos portos para cá, assistimos a uma invasão cultural tão violenta que pode muito bem ser comparada com a conquista do México ou do Peru. Durante o Reino Unido, a coisa ainda ia muito bem, pois quase todo o esqueleto da antiga ordem de coisas se mantinha, e a presença de el-rei Nosso Senhor era suficiente, por si só, para catalisar as energias da velha civilização dos capitães-mores e negras-minas. A Independência e o seu cortejo de ideologias francesas e inglesas, modas francesas, mulheres francesas deu o primeiro golpe de morte. A criação dos cursos jurídicos em 1825 e as novas codificações de nosso direito (Bernardo P. de Vasconcelos[2] era discípulo declarado de Bentham e sofrera influências do Código Napoleão[3]) fez o rompimento com Coimbra e com as "Ordenações". No II Reinado houve

---

[2] N.E.: Bernardo Pereira de Vasconcelos (1795-1850) cursou Direito na Universidade de Coimbra e participou da criação dos cursos jurídicos no Brasil, instalados em Olinda e São Paulo – nesse processo de reflexão acadêmica fez críticas fortes à instituição conimbricense. Nascido em Vila Rica, foi atuante no Conselho-Geral da Província de Minas Gerais, deputado geral, senador, conselheiro de Estado (1842-1850); ministro da Fazenda (1831-1832); ministro da Justiça e do Império (1837-1840). Exerceu a atividade jornalística, promovendo a publicação do *Universal*, em Ouro Preto, em 1825. Atribuía à instrução pública e à liberdade de imprensa importância fundamental na organização social brasileira.

[3] N.E.: Em 1804 a França republicana passou a adotar o chamado Código de Napoleão, um novo código civil, composto de 36 leis aprovadas que ratificaram e corrigiram grande parte das conquistas sociais alcançadas pela sociedade civil burguesa, a partir da Revolução de 1789. Esse código foi um importante marco jurídico da modernidade, assinalando o estabelecimento, no campo do direito, de novas relações socioeconômicas capitalistas.

a ruptura definitiva com Portugal: política inglesa, literatura francesa, filosofia alemã (Lafayette, kantiano e Tobias, evolucionista) inglesa ou francesa (Spencer e A. Comte), ideias jurídicas americanas (Nabuco e Rui). Ainda havia a dinastia Bragantina, com D. Pedro II – muito mais filho de D. Leopoldina que de D. Pedro I –, e também a economia, segundo os velhos moldes patriarcais e escravagistas. Mas eis que fizeram a Abolição e a lei da eleição direta, ambas ferindo fundo os *landlords*. A República se rompia oficialmente com todo o nosso passado, ressuscitava o regionalismo, com o federalismo atendendo aos pedidos da geografia e da economia anticentralizadoras.

Concomitantemente com as transformações de estrutura política vieram as estradas de ferro, o colono europeu e, algum tempo mais tarde, as rodovias e o cinema. E a Europa então invadiu o sertão. Para o nosso bem ou para o nosso mal – ou para ambos ao mesmo tempo – vão sendo conquistados os últimos redutos da velha organização colonial: a usina no lugar do engenho, os altos-fornos ao lado da velha cidade colonial, as casas dos colonos europeus substituindo as senzalas, etc. O Brasil entra rapidamente para o grupo dos povos civilizados à europeia.

Temos as ilhas, porém. Lugares que, por ausência de vias de comunicação adequadas – principalmente – ficaram à margem do rebuliço geral e conservaram a velha organização social nova e saudável como sempre. Não morreram. Mas a sua evolução parou. A história passou a ser narrada numa língua estranha para uma gente que ainda se acha ligada aos reis pelos laços de fidelidade feudal, apesar de nem sempre (ou nunca) ter disso a mínima noção. Os jornais são lidos atentamente e todos procuram seguir a marcha das ideias dos que moram nas cidades distantes. No fundo de seu coração, conservam os sentimentos e as atitudes de seus antepassados.

Isso dura até que vem a estrada de ferro; agora não é mais possível a resistência. Se colocarmos no mesmo nível as águas de um lago e as do mar (anteriormente mantidas em comunicação apenas por meio de um regato), misturar-se-ão e ninguém notará a diferença; tudo é mar. A estrada de ferro coloca no mesmo nível a mais distante aldeia e a grande cidade praieira, vizinha da Europa. Quem pode, abandona a aldeia pela cidade. E não há este que não possa – homem, mulher e criança – ir sempre à capital. Antigamente, em épocas importantíssimas, de raro em raro, o rico senhor de Paracatu, Itabira, Montes Claros ou Pitangui fazia testamento, despedia-se da mulher em lágrimas e partia para o Rio em longa caravana. Era um acontecimento. E que raramente se repetia. Com isso as modas do Rio de modo algum afetavam a vida da família. O poeta Emílio de Moura[4] tem em seu arquivo particular uma série de cartas, escritas do Rio por um seu parente e que demonstram a grandiosidade da aventura e as suas dificuldades. Não há melhor isolante que a distância. Para a eletricidade e para as ideias. Hoje em dia não é necessário ir-se ao Rio – coisa que não tem dificuldade. Em toda parte há cinemas. Além disso, a facilidade de comunicações produziu êxodo dos melhores elementos, dos chefes dos grandes "clãs", o que veio afetar mais ainda a decadência do nosso patriarcado rural.

Acontece, porém, que, em muitos dois mais antigos núcleos de povoação de Minas, a estrada de ferro é coisa recente ou não há. Vários são os lugares em que este fenômeno de conquista cultural é coisa de hoje. De qualquer modo, este fenômeno prossegue muito lentamente, "na razão direta do quadrado das distâncias", e por isso torna-se fácil a verificação *in loco* das formas de viver e de pensar absolutamente coloniais. Se alguém desejar estudar os processos e as técnicas dos faiscadores de ouro, poderá – se tanto lhe apraz – consultar alfarrábios, ler Spix, Martius, St. Hilaire, Rugendas e não sei mais quem.[5] Poderá, também,

---

[4] N.E.: Emílio Guimarães Moura (1902-1971) foi um dos nomes mais representativos da literatura modernista mineira e brasileira. Residia em Belo Horizonte, onde foi professor universitário (Universidade Federal de Minas Gerais) e redator dos periódicos (*Diário de Minas*, *Estado de Minas* e *A Tribuna de Minas Gerais*). Moura é autor de *O espelho e a musa* (1949), *A casa* (1961), *Itinerário poético* (1969), entre outra obras.

[5] N.E.: Viajantes estudiosos de história natural que visitaram o Brasil, e Minas Gerais, no início do século XIX, Johann Baptist von Spix e Karl Friedrich Philipp von Martius são os autores de *Reise in Brasilien...* (primeira edição em 1823). João Camillo refere-se certamente às edições brasileiras dos textos dos naturalistas, como a obra organizada por Rodolfo Jacob, *Coletânea de cientistas estrangeiros (assuntos mineiros)*, Belo Horizonte, Imprensa Oficial do Estado de Minas Gerais, 1922-1930, e a tradução promovida pelo Instituto Histórico e Geográfico Brasileiro, *Viagem pelo Brasil*, tradução de Lúcia Furquim Lahmeyer, Rio de Janeiro: Imprensa Nacional, 1938. A descrição de viagem e as estampas de Johann Moritz Rugendas, desenhista hábil contratado para a expedição científica do naturalista Barão Langsdorff (morto em

tomar um trem e ir a Raposos[6] (por exemplo) e ver umas "datas" rigorosamente iguais às do século XVIII. (Se o interessado morar em S. João del-Rei, não precisará nem de sair de casa, por assim dizer.) Podemos estudar história com pessoas vivas, da mesma forma que os heróis do *Mundo Perdido* estudaram paleontologia com animais vivos. Se fosse verdadeira a narrativa de Conan Doyle, os fósseis de museu pouco interesse teriam. Por isso que, dado o tema deste trabalho, interessei-me principalmente pelo documento vivo.

Vai ser minha a tarefa de estudar formações sociais com espécimens vivos. Não vou ter grande dificuldade em encontrar exemplares em pleno vigor e viço. Porque este ensaio vai ser menos de história que de sociologia ou de etnologia cultural. Na verdade, vou tratar de temas interessando profundamente o estudo das origens e formações de nosso complexo cultural. Mas os acontecimentos dotados de repercussão histórica não vão ter outra função que a de servir de exemplo. O simples enunciado do tema deste ensaio, *per se*, vai mostrar o meu método de ação e revelar a importância que dou ao problema da cultura em conserva. Pretendo aqui fazer um estudo sobre as formas de agrupamento social ocorridas em Minas em consequência de estarem os mineiros numa situação geográfica de montanha e às influências que daí decorreram para a elaboração dos modos de pensar próprios do habitante das Minas Gerais. Todo livro é a resposta a uma pergunta da vida a seu autor. No meu caso, a interrogação é a seguinte: Que repercussões houve, para a formação e constituição de grupos sociais, do fato de ser montanhoso o território mineiro? É claro que esta pergunta pode ser respondida de vários modos. Poderíamos estudar, por exemplo, as formas de atividade econômica resultante de nossa situação geográfica. Poderíamos estudar as manifestações artísticas, literárias, religiosas, espirituais, em suma, dessa situação. Mas aqui pretendo

---

1852), foram também publicadas nessa época. Cf. *Viagem pitoresca através do Brasil*, tradução de Sérgio Milliet, São Paulo: Livraria Martins, 1940.

[6] N.E.: Raposos é a localidade, com denominação alusiva ao bandeirante Antônio Raposo Tavares, que foi sede da Paróquia de Nossa Senhora da Conceição de Raposos (anterior a 1745). Desmembrado de Sabará em 1938, tornou-se distrito do município de Nova Lima até a sua emancipação como cidade em 1948.

apenas o estudo das formas de ser social derivadas da existência nas montanhas mineiras.

Ora, acontece que, devido ao mencionado problema de formação de ilhas culturais em consequência de invasões, temos muitos lugares onde a vida se conserva tal e qual como há séculos ou dois, para trás de nós. Nesses lugares é possível o estudo, ao natural, dessas formações culturais definidas. É claro que serei obrigado, várias vezes, a lançar mão do documento, pois, em muitas ocasiões será mister o estudo da evolução dos diversos tipos e formas de cultura, as fases pelas quais passaram, os elementos que entraram em sua constituição, os exemplos antigos e novos, etc. E a minha atenção ficará restrita aos grupos nascidos da situação geográfica dos mineiros, pois que o estudo da economia mineira ou o da arte e até certo ponto o da organização familiar (o tema de *Casa grande e senzala*), que merecem com muita justiça o título que dou a este ensaio, forneceriam elementos, contudo, para volumes. Quer dizer: este é um dos muitos possíveis livros dignos do título de *O homem e a montanha*. Tenho a impressão de que é o que estuda os aspectos mais gerais da questão.

A melhor justificação para o método de trabalho adotado neste ensaio são as palavras do Sr. Caio Prado Júnior:

> Pessoalmente, só compreendi perfeitamente as descrições que Eschewege, Mawe[7] e outros fazem da mineração em Minas Gerais depois que lá estive e examinei *de visu* os processos empregados e que continuam na quase totalidade dos casos, exatamente os mesmos. Uma viagem pelo Brasil é muitas vezes, como nesta e tantas outras instâncias, uma incursão pela história de um século e mais para trás. Disse-me certa vez um professor estrangeiro que invejava os historiadores brasileiros que podiam assistir às cenas vivas do seu passado.[(3)]

---

[7] N.E.: Os relatos de Wilhelm Ludwig von Eschwege e John Mawe, ambos interessados em mineralogia e nos depósitos minerais do território de Minas Gerais do início do século XIX, compõem o livro organizado por Rodolfo Jacob, volumes publicados entre 1922 e 1930, em Belo Horizonte), juntamente com o texto de Spix e Martius. O ensaísta João Camillo pode ter consultado essa obra mais acessível, publicada em Belo Horizonte.

E, de todas as coisas, as que mais se conservam são as formas de viver em comum e os comportamentos sociais que, por inconscientes, acham-se fora do alcance da crítica. São os *idola tribus*: a tribo vivendo por eles, não os pode criticar. Se um estudo pormenorizado e sério da atividade econômica, da formação da sociedade e da organização político-administrativa exige pesquisas de arquivo, a descrição do conjunto das relações humanas está à vista, e as incursões nos alfarrábios só para comprovar se justificam.

Não tem este trabalho, afinal, outra pretensão que a de introduzir a pesquisa social no nebuloso mundo da vida cultural de Minas. É uma introdução apenas, e introdução aos problemas.

Há um trabalho preliminar a toda investigação científica, um trabalho de teoria do conhecimento em ação e que consiste em descobrir os problemas.

Antes de qualquer outra coisa, é necessário saber quais os fenômenos que são importantes, os que devem ser estudados e que merecem a atenção dos investigadores. Iniciar a pesquisa antes deste trabalho preliminar somente pode ter como resultado (a menos que o pesquisador tenha grande poder de intuição, distinguindo os falsos dos verdadeiros problemas) o caos e a confusão aumentados.

Antes, pois, de estudar esta realidade histórica e cultural que é Minas Gerais, necessário se torna equacionar o problema. Nem tudo o que se deu em Minas no século XVIII e XIX tem igual importância. É mister descobrir quais os fatos que revelam situação histórica e quais os que nada mais são que meros reflexos da vida privada de cidadãos particulares. Por isso não tem outro mérito este trabalho que o de isolar e situar os problemas básicos de uma espécie de ecologia do mineiro, isto é, do estudo das relações sociais do mineiro estudadas segundo as perspectivas da situação do mineiro em face da montanha.

Os estudos lentos e minuciosos, as pesquisas demoradas através dos arquivos, virão depois. Talvez que ainda apareçam outros volumes com o mesmo título que este, desenvolvendo, porém, o plano traçado neste esboço, que principalmente deseja dar uma visão do conjunto. Este é o mapa geral; as cartas das regiões mais importantes virão depois, se for possível.

CAPÍTULO I

A situação geográfica

A situação geográfica de um povo é constituída pelo conjunto de ações e reações entre esse povo e o seu contorno natural. Para Hellpach, esse contorno compõe-se de quatro elementos fundamentais: o tempo, o clima, o solo e a paisagem. Sendo a ação do tempo meramente ocasional e individual, é uma realidade destituída de qualquer caráter de categoria histórica ou social. O mesmo não se dá com as demais, e todos estamos pensando no velho Taine.[8] Passando um pouco além da concepção de Taine, devemos recordar que da "influência do meio" não se pode isolar do homem. O "meio" não é um dado positivo, ativo, e o homem, uma "tábula rasa". Realmente, temos de concordar que o meio, o fato de uma determinada realidade ser um "meio", já é uma consequência do esforço humano, que isola uma situação concreta de várias outras possíveis. É claro que há sempre um dado absoluto, um conjunto de realidades físicas, irremediavelmente existentes em si, apesar de apresentarem-se a nós de modo diferente, conforme a situação.

De que modo, porém, o clima, o solo e a paisagem podem constituir situações para o homem? Qual o comportamento próprio destes

---

[8] N.E.: Hippolyte Adolphe Taine (1823-1893), historiador francês, autor, entre outras obras, de *Ensaio de crítica e de história* (1857), foi marcado pelo positivismo e pelo determinismo geográfico, à semelhança de Ratzel. Influenciado pelo darwinismo social, distanciou-se da filosofia eclética de Victor Cousin, que até 1857 dominava os meios intelectuais franceses. Eleito para a Academia Francesa em 1878, criticou o romantismo, valorizando fortemente a razão e as virtudes clássicas.

três modos de ser da natureza física do ponto de vista social? E como isso compareceu para a formação da situação geográfica mineira? Porque o nosso tema é o homem e a montanha em Minas, o conjunto das atitudes e situações nascidas nos contatos entre o homem e a natureza física em Minas Gerais.

Vou começar pelo dado mais antigo, a terra. Inicialmente, porém, quero assinalar que o solo deve ser estudado de dois modos: em função do relevo e relativamente à sua riqueza. É claro que me limitarei às influências diretas, às reações provocadas pelo contato imediato entre as duas realidades: o Homem e a Montanha. Estudaremos, pois, parceladamente, o contorno, o ambiente criado ao homem pelo clima, pela riqueza do solo (ou melhor, do subsolo) pela hidrografia e finalmente pela paisagem.

★ ★ ★

O palco da vida econômica mineira, o que realmente constituía as Minas Gerais no século XVIII, era um conjunto de vales sombrios rodeado por altas montanhas. Política e administrativamente é o mesmo território hoje ocupado pelo estado de Minas Gerais. No século XVIII, porém, as Minas Gerais eram umas ilhas de povoação concentradas aqui e ali, ao longo dos caminhos e dos rios: "o arquipélago" de S. João del-Rei, o continente ouro-pretano indo até o Serro, o distrito diamantino (administrativamente autônomo) e mais adiante Pitangui. As comarcas, muito sabiamente, tinham o nome tirado do rio ou do acidente geográfico mais próximo: Ouro Preto, Rio das Mortes, Serro, Sabará, etc.

Numa síntese fulminante Caio Prado Júnior assim distribui, localiza e situa o povoamento da Capitania:

> Em Minas Gerais, o centro de condensação [...] está localizado numa faixa que se estende do Sul a Norte, da bacia do Rio Grande às proximidades das nascentes do Jequitinhonha; mais ou menos entre os pontos em que se formaram a vila de Lavras e o arraial do Tejuco (Diamantina). Ela corresponde à Serra do Espinhaço, e geologicamente, a uma formação peculiar do terreno, a séries de Minas e de Itacolomi, ambas do algonquiano. Este fato explica suficientemente a concentração ali do povoamento, multiplicando-se as aglomerações, às vezes, bem próximas, umas das outras e cujas principais são: a

Vila de São João e São José del-Rei, Vila Rica, Cidade de Mariana, Caeté, Sabará, vila do Príncipe, arraial do Tejuco.[4]

Estes núcleos de povoação que constituíam as Minas Gerais, e que já existiam no século XVIII e cujos habitantes se dedicavam à mineração, nasceram no fundo dos vales, à beira das montanhas. Isso naturalmente se explica pelo fato de explorarem o ouro de aluvião deixado nas areias dos rios.

Ora, o clima desses vales montanhosos é frio e úmido. As altas montanhas condensam as nuvens, e as chuvas são constantes, provocando a desagregação dos terrenos. Pela manhã e à noite sobe a evaporação do fundo do vale e a neblina invade as ruas. O sol é tardio em aparecer, muitas vezes só rompendo a garoa no meio do dia. Cedo, porém, já desapareceu por detrás da serra. Os dias são curtos; as noites, longas e tristes. A luminosidade do céu é pouca, as nuvens "tendo boas desculpas" em qualquer estação. Aliás, são duas as estações como na restante zona subtropical. De setembro a março chove torrencialmente, dia e noites as águas do céu cantando nas calçadas sonoras das ruas. Nessa época os caminhos dissolvem-se na lama, e as comunicações cessam. De março a setembro não chove quase. Mas, se ainda temos dias bonitos no "Outono", logo o sol desaparece: a garoa cada vez maior, o número de horas do dia cada vez menor e finalmente em julho e agosto aparecem as "queimadas" – vingança contra a serra, na opinião do Sr. Miran Latiff. Nos últimos dias do inverno, então, o ambiente é de uma tristeza impenetrável: o céu torna-se cinza, de um tom opaco e uniforme (muito diferente do plúmbeo das nuvens) o sol e a lua vermelhos como em eclipse; cinzas de árvores carbonizadas (principalmente folhas de samambaia) trazidas pelo vento volteiam no ar e vão procurar o homem até dentro de casa, como se estivéssemos na quarta-feira de cinzas. À noite, lagartas de fogo serpenteiam na montanha.

O efeito de um clima desses, em homens já gastos por uma luta inglória com a face mais inquieta da natureza – o subsolo –, não pode ser outro que o de engendrar uma tristeza implacável e uma profunda melancolia. Melancolia encontradiça no que há de mais típico na poesia mineira e no interesse e na importância que os mineiros dão às cerimônias da Semana Santa.

Passando de um clima que nos chama à reclusão, ao tédio e à tristeza, ao solo, acho de interesse mostrar rapidamente a questão das riquezas naturais na elaboração dos diversos ciclos culturais mineiros. Podemos dividir a história cultural mineira nos seguintes ciclos: ouro, diamante, café e couro. Poderíamos acrescentar o do ferro, que já teve vida quase autônoma relativamente ao do ouro e a um vagamente agrícola – "agricultura de subsistência", que não passou, contudo, de secção dos demais. Se não conseguimos localizá-los rigorosamente no tempo, é fácil situá-los no espaço. Os ciclos do ouro e das pedras sempre coexistiram temporalmente, em regiões diferentes, porém. Se ambos dominaram a nossa economia no século XVIII, somente o de diamantes (e pedras coradas, em geral) voltou a ter importância anormal em nosso tempo. O do couro, que roubara ao do ouro as origens e o descobrimento das regiões do Norte de Minas, permanece até hoje como sendo um dos essenciais.

A localização espacial destes ciclos poderia ser feita do seguinte modo: o do ouro nas regiões montanhosas do centro; o das pedras nos rios do Norte e do Oeste; o couro nas chapadas do Norte, do Oeste e do Sul; o do café nas colinas do Sul e do Centro-Leste. Cada um deu origem a um tipo cultural definido e muito bem merece a sua classificação como ciclo cultural, pois há para defini-los uma área geográfica determinada, um tipo central de exploração econômica dominante, uma origem histórica diferente, uma composição étnica diversa. São culturas diferentes: neste trabalho, porém, somente nos interessam os ciclos nascidos na montanha.[5]

★ ★ ★

Os rios descendo em busca do mar cortaram o planalto em sulcos profundos, cada grupo de confluentes do mesmo conjunto hidrográfico dando a imagem exata da mão humana aberta em leque. No fundo desses vales, quando a torrente encachoeirada torna-se em manso rio, as águas depositaram pepitas de ouro no meio do cascalho. Os bandeirantes, subindo o rio, instalaram-se nos vales. As cidades nasceram na "palma" da mão ou atravessando os "dedos", ligando vale a vale. De qualquer jeito, o homem se instalou entre os contrafortes da grande montanha, de cujo seio vêm as águas que fizeram os vales convergentes e que guarda dentro de si a "mãe do ouro", arisca e fugidia.

Os bandeirantes sempre usaram de dois tipos de pontos de referência naturais durante as suas intermináveis excursões pelas florestas. Primeiro os rios, cujos cursos subiam ou desciam, conforme era o caso, ou então os grandes picos azuis, marcos lançados pela natureza para indicar onde estava o ouro.

Esse complicado relevo orográfico, as estradas serpenteando entre as montanhas, varando riachos e mais riachos, cortando a terra em fundas azinhagas, estradas que durante vários meses do ano se transformam em rios de lama, fizeram do mineiro um prisioneiro da montanha. Um homem separado do mundo por obstáculos quase insuperáveis. Devido, contudo, à importância da questão dos caminhos em Minas, estudaremos este ponto minuciosamente em outro local.

Passando à questão das riquezas do subsolo mineiro, devemos recordar que a sua influência seguiu uma curva muito interessante. A luta contra o ouro foi toda de negaças e de escápulas. Primeiro, encontrava-se muito ouro nos rios, fácil e abundante. Rápido, porém, ia-se ele de todo. Os infatigáveis pesquisadores subiam os ribeirões menores e começavam a revolver montanhas de cascalho. Depois – o metal fugindo sempre –, passavam a escavar a montanha. Faziam-lhe profundos sulcos, que hoje custamos a acreditar serem obra das mãos do homem, pois rasgaram a montanha do alto a baixo, em traços profundos e enormes. Finalmente, tinham de procurar o ouro escondido no seio da rocha. Aqui, então, apareciam as minas, profundas galerias mergulhadas pelo interior da serra. Os velhos escravos contavam que, ao atravessarem de noite os ermos caminhos que contornam a montanha, viam à porta das minas abandonadas a figura rutilante da "Mãe do ouro", bela mulher, recoberta do metal que era a razão de ser e a preocupação de toda aquela gente. Ao dela aproximarem-se os viajantes, desaparecia. Esse mito era bem um símbolo da luta inconstante e incerta dos mineradores, quase à procura de miragens. Na agricultura, plantando, dá. Na mineração, pouco vale o esforço, se a montanha não abrir seu seio fecundo.

Agora, como disse o francês, o ouro estava escondido no ferro. E o várias vezes esboçado ciclo do ferro foi localizado nos mesmos lugares em que teve seus dias o ciclo do ouro.

Além dos ciclos do ouro e ferro, espalhados na grande massa de montanhas do centro mineiro, além de alguns núcleos esparsos, tivemos o ciclo do diamante, engastado nos rios do Norte de Minas. Nos tempos da Colônia existira o Distrito Diamantino, divisão administrativa destinada a controlar a exploração das pedras preciosas. E a vida no célebre distrito correu diferente da dos outros lugares. Foi um capítulo extra da história da luta do homem com a montanha.

Ao estudarmos as relações entre o clima, o relevo do solo e a riqueza do subsolo no que concerne à construção das casas e à arquitetura em geral, e à formação das cidades, devemos ter em vista os seguintes resultados: a) concentração urbana, originada pela configuração do terreno (os depósitos de aluvião concentrados nos colos da montanha), pelo tipo de exploração que impedia que morasse o homem no local da sua indústria e pela necessidade do comércio, pois o ouro não serve de alimento; b) o uso de certos materiais de construção, tais como a famosa pedra-sabão, usada não somente nas esculturas famosas como também nas humildes panelas de pedra, ou de certas técnicas, como os telhados em pirâmide, de beirais longos; c) a planta alucinada das cidades, fato derivado da necessidade de seguir a natureza e ter assegurado o escoamento das águas. E uns poucos resultados mais, todos mostrando uma grande submissão do homem à montanha.

Finalmente, nós temos o problema, ainda pouco estudado de um modo científico, das relações entre o homem e a paisagem. Antes de mais nada, temos que concordar que os efeitos de uma paisagem constituída por montanhas negras, dominando o conjunto, montanhas que parecem estar pesando sobre o coração dos homens, só poderia realçar os efeitos da tristeza produzida pelo clima e pelo solo. O mineiro é triste. Se alguém tomasse o trabalho de estudar a melancolia na poesia mineira certamente teria o seu trabalho recompensado com o reconhecimento de que todos (ou quase todos) os poetas de mais importância em Minas foram irremediavelmente melancólicos. Aliás, estão me bailando na memória os trágicos e tristes versos de Carlos Drummond de Andrade sobre Itabira, quando fala, na sua imensa tristeza, "principalmente nasci em Itabira...".[6] A mesma tristeza pode ser vista na obra dos dois Alphonsus de Guimarães,[9] pai e filho, nos romances de Cornélio Pena[10] e Lúcio Cardoso...[11] Ou, então, na abundância de poetas satíricos em Minas: o sarcasmo é uma forma de tristeza.

Hellpach considera um dado seguro o fato de que

> [...] todos os povos montanheses são, com relação aos usos populares, arte folclórica, crenças populares, de uma fantasia mais rica, barroca e viva que os povos da planície. Ainda mesmo onde a constituição original da raça (escoceses) ou um destino político religioso (suíços) introduz grande secura, persiste, sem embargo, um fundo forte de fantasia, que sai à luz nas crenças, na poesia ou nos usos. Ditados como *Frísia non cantat*, ainda que não possam ser tomados nunca ao pé da letra, possuem, contudo, experiências velhíssimas, que neles se condensaram.

Mais adiante comenta que "a maior parte da terra montanhosa da Alemanha ficou incluída dentro do catolicismo barroco, o qual opõe à sobriedade racional e volitiva do protestantismo uma invocação vigorosa à fantasia e ao sentimento". Ora, o barroco mineiro sempre se comportou como planta de casa, como filho nativo...[7]

---

[9] N.E.: Afonso Henriques da Costa Guimarães, conhecido por Alphonsus de Guimarães (1870-1921) é considerado um dos grandes nomes do Simbolismo e um dos mais místicos poetas brasileiros. Em sua obra trata sobretudo dos temas do amor, da morte e da religiosidade. Foi promotor de justiça e juiz em Mariana, Minas Gerais, onde viveu a maior parte de sua vida. A morte de sua noiva Constança, em 1888, teria marcado profundamente sua obra poética. Em 1899 são publicados *Dona Mística*, *Câmara Ardente* e o *Sentenário das dores de Nossa Senhora*. O *Kyriale* (1902) é a sua coletânea de sonetos mais representativa.

[10] N.E.: Cornélio Pena, escritor fluminense (1896-1958) que viveu alguns anos, na infância, em Itabira. Sua obra pertence ao realismo psicológico, marcada pela introspecção e pelo espírito atormentado dos personagens. Entre seus principais livros estão *Dois Romances de Nico Horta* (1939), *Repouso* (1948) e *A menina morta* (1954).

[11] N.E.: Joaquim Lúcio Cardoso Filho (1913-1968), escritor, dramaturgo, jornalista e poeta, foi um dos expoentes de uma vertente da literatura brasileira de cunho místico (com inspiração religiosa) e politicamente conservador, em oposição à literatura de inspiração sociológica e regional. Foi especialmente ligado a Clarice Lispector. Entre suas obras, se destacam *A luz no subsolo* (1936); *Mãos vazias* (1938); *O desconhecido* (1940); *Dias perdidos* (1943); *Crônica da casa assassinada* (1959); *Diário completo* (1961) e *O viajante* (1970).

CAPÍTULO II

Meditação sobre a Guerra dos Emboabas

Socialmente falando, a Guerra dos Emboabas foi um fenômeno bem mais extenso que a série de batalhas narradas nos livros, as quais constituíram, sem dúvida, o "clímax" de um processo de substituição de culturas, realizado em grande escala e que originou o atual povo mineiro. Esse choque de culturas teve, por vezes, feições bélicas, e estas – espuma das ondas do mar – é que chamaram a atenção dos historiadores nossos, muito recentemente libertados do vezo de procurar grandes movimentos político-militares em todas as coisas, surtos de liberdade e de nativismo nas menores arruaças, românticos que eram e hugoanos.

Que gente veio para cá e o que foi esta Guerra dos Emboabas, para os sociólogos?

Inicialmente, vou lamentar a nossa triste pobreza em questões genealógicas: um falso igualitarismo tornou ridículos esses estudos entre nós. Como se a única utilidade da genealogia fosse provar fidalguias. Também contribuiu muito o receio, bem fundado, de ver árvores frondosas e ilustres, com raízes na costa da África, ou em terrenos não adubados pelos sagrados laços do matrimônio (quando não proveniente de algum "coito danado"). O famoso e tão justamente criticado ato de Rui Barbosa mandando pôr fogo nos arquivos da escravidão deve ter tranquilizado muita gente ilustre, que não queria ter antepassados entrando no país pelo Valongo.

Tomando, porém, a coisa em seus aspectos gerais, podemos considerar como tendo contribuído para a formação da base étnica e cultural do povo mineiro os seguintes conjuntos humanos (temos a impressão que melhores pesquisas no futuro somente poderão confirmar a nossa afirmação): *índios* (os que por ali havia e os que entraram nas bandeiras, puros ou mestiços); os *bandeirantes*; os *baianos* que subiram o São Francisco e descobriram e povoaram grande parte do território mineiro; os *reinóis* que depois de feita a descoberta para cá vieram em multidões e os *negros* geralmente trazidos por estes últimos. Essa gente toda, com preocupações e interesses próprios, vindo de pontos diferentes, não possuía em comum senão a *aura sacra fames*, que constitui exatamente o pomo de discórdia principal entre os homens. Daí os choques e as lutas – às vezes – armadas e a Guerra dos Emboabas.

A tendência permanente até hoje tem sido a de superestimar os bandeirantes, os historiadores românticos chegando ao ponto de dar-lhes o papel de galã na luta, os bandeirantes sendo os "brasileiros" e os "emboabas", os portugueses, na sua doce e ingênua mania de pensar que os seus problemas de gente patriota do tempo do Império fossem os únicos a interessar a brasileiros.

Por uma questão de lógica devemos começar pelos índios. Não é cômodo, pois, se é difícil o estudo dos negros pela destruição dos arquivos, com relação aos índios a coisa fica muito pior, pois foram eles próprios os destruídos; nem sempre com muito sangue correndo, pois os nossos avós usaram o austríaco sistema do *tu, felix Austria, nube*. Mas acabaram geralmente com os índios. Aliás, natural, pois, cultura inferior, foi absorvida automaticamente.

Segundo o mapa do P. Schmidt na *Etnologia sul-americana*,[8] o território mineiro era habitado quase que exclusivamente por tribos Jês e Coroados, todas pertencentes aos ciclos primários de cultura, havendo (não há dúvida) uma certa contaminação de tupis-guaranis, pertencentes aos ciclos mais evoluídos da cultura – matrilinear livre (cultura do arco). O mesmo Schmidt (p. 14) considera os Jês e os Purus Coroados como na fase da coleta. A sua influência, portanto, não poderia verificar-se senão racialmente e nunca por meio de ações culturais. Não podemos, apesar disto, desprezar possíveis reminiscências das culturas índias, pois ninguém até hoje fez pesquisas muito sérias a respeito. Tenho para mim que a grande influência do índio está na Bandeira. O mameluco e o índio puro acentuaram as cores do grande painel. Já se afirmou (e talvez o maior mérito de *A marcha para o Oeste*, do Sr. Cassiano Ricardo,[12] está em acentuar este fato) que se devem aos índios as grandes e incríveis caminhadas dos bandeirantes que, visivelmente, tinham botas de sete léguas. Além disso, há o modo pelo qual os sertanistas de São Paulo enfrentavam os perigos da floresta. Todos aqueles homens terríveis estavam – e disso não há dúvida – mais à vontade furando o mato que brigando uns com os outros nos apertados quadros da economia dividida e distribuída de Piratininga. Na realidade, a luta foi entre os paulistas e os emboabas. O índio foi comparsa e cantou o coro dos bandeirantes.

E que espécie de gente eram estes terríveis Lemes, Buenos e Prados?

Para definir e estudar a sério o tipo humano dos bandeirantes temos até hoje os realmente magníficos estudos do Sr. Oliveira Viana e a tese contrária, geralmente devida ao Sr. Alfredo Ellis Jr. Aliás, não *datur medium*: os dois afirmam teses contraditórias. Para o autor de *Populações meridionais do Brasil*, os bandeirantes eram "dolico-louros", arianos e aristocratas. Para Ellis Jr.[13] (e nas suas águas navega o Sr. Cassiano Ricardo) nada mais plebeu e democrático do que os Prados e Lemes.

---

[12] N.E.: O livro *Marcha para oeste* (1940), de Cassiano Ricardo (1895–1974), supõe que o bandeirismo paulista forneceu o modelo da democracia racial e do governo forte, característicos do nacionalismo do Estado varguista. Trazendo ilustrações de Lívio Abramo, o livro fez do bandeirante – conforme o imaginário da elite política paulista das décadas de 1920 e 1930 – o arquétipo do brasileiro produtor do território e das fronteiras, ainda não coincidentes: geográfica, econômica, espiritual – cf. RICARDO, *Marcha para oeste (a influência da "bandeira" na formação social e política do Brasil)*. Rio de Janeiro: J. Olympio, 1940, v. 1 e 2. No livro *Populações meridionais do Brasil*, o fluminense Oliveira Vianna (1883–1951), baseando-se nas teorias raciais em voga no meio intelectual do Brasil da época, observou também a mestiçagem do povo brasileiro, mas conferiu ao branco, ariano, aristocrata, a supremacia na colonização e na futura nação – cf. VIANNA, Francisco José de Oliveira. *Populações meridionais do Brasil. História, organização e psicologia*. São Paulo: Monteiro Lobato e Cia. Editores, 1920. v. 1.

[13] N.E.: Alfredo Ellis Júnior (1896–1974), paulista, formou-se em direito e tornou-se promotor público. Foi eleito deputado na Assembleia Legislativa de São Paulo pelo Partido Republicano Paulista. Os artigos que ele escreveu para os jornais *Correio Paulistano* e *Jornal do Comércio* deram origem aos seus primeiros livros notáveis: *O*

Culturalmente, porém, está a razão com o Sr. O. Viana, pois o fenômeno aristocracia é essencialmente cultural. Isso de que as raças conquistadoras formam a nobreza, tese que apareceu na Europa por volta da Revolução Francesa, se tem fundamento, tem origens suspeitas e contra si há o fato de que poucos são os "clãs" que resistiram desde os tempos bárbaros. Os atuais títulos de nobreza são raramente mais que trisseculares, as mais conspícuas das famílias reais tendo sangue judeu ou mouro, não havendo um europeu que não seja de fato descendente de Carlos Magno ou de reis bárbaros. Além disso, mais do que ser a história produto da raça, esta é produto daquela, e que (é bom não se esquecer) quase sempre quando usamos a palavra "raça" na linguagem comum queremos dizer "cultura"; e que as diferenças raciais dão mais diferenças de *temperamento* que não de inteligência. Ora, o temperamento pertence ao campo das influências das glândulas de secreção interna, cujo funcionamento pode ser alterado pela alimentação e outros fatores mais ou menos culturais. Daí ser possível a alteração da essência de uma raça (a população de certos distritos da Rússia, devido às fomes oriundas das lutas militares e políticas ocorridas desde 1914, teve a sua estatura média diminuída). Se isso se dá com a raça, que já possui uma estrutura biológica definida, o que não dizer de uma classe social? Melhor exemplo nos dão os Bernardote, que, nos seus cem anos de existência como dinastia sueca, revelaram ser os mais suecos de todos os reis da Suécia...

O argumento principal da corrente "plebeísta" está na feição democrática da vida em Piratininga: economia de artesanato e de pequena propriedade agrícola. Além disso, vida numa comuna organizada

---

bandeirismo paulista e o recuo do meridiano (1924; reedição com acréscimos em 1934 pela Companhia Editora Nacional) e *Raça de gigantes* (1926). Tornou-se ativo defensor de um *paulistanismo*, centrado historicamente no mito do bandeirante (em oposição às outras histórias regionais brasileiras): democrático, arrojado nos empreendimentos, autônomo, mestiço resultante da conjunção dos brancos com os índios. Implantando-se o Estado autoritário de Getúlio Vargas em 1937, Ellis Júnior passou à universidade com o apoio de Afonso Taunay, assumindo a cadeira de História da Civilização Brasileira na Universidade de São Paulo, onde atuou até 1956. Cf. MONTEIRO, John Manuel. Caçando com gato. Raça, mestiçagem e identidade paulista na obra de Alfredo Ellis Jr. *Novos Estudos Cebrap*, n. 38, p. 79-88, mar. 1994.

nos moldes democráticos dos forais e das franquias da Idade Média. Um estudo minucioso das condições da vida econômica de São Paulo na fase pré-bandeirante confirma plenamente esta economia sem grandes altos e baixos: ortografia social de colinas e campos. Nada de montanhas altas e desfiladeiros profundos. Não havendo capitalismo em Piratininga, não encontraríamos ali nada no gênero dos engenhos do Norte, aristocráticos e feudais. A agricultura estava organizada na base de pequenos sítios de produção de gêneros alimentícios. Intramuros a pequena comunidade democrática, com as suas Câmaras eleitas segundo os velhos modelos. E eram mais comuns as oficinas artesãs que palácios de nobre fábrica. Melhor exemplo: não era magarefe o célebre linhagista?

Não pode haver, porém, um fenômeno mais sugestivo do que este. M. Scheler,[14] estudando as formas de "ideias do mundo" das classes altas e baixas, dá como típico da classe alta a supervalorização do passado, o tradicionalismo: "aqueles bons tempos"... É o clássico *pejor avis aetas*. Quem tem o futuro pela frente, quem pertence a uma classe em franca ascensão pouco liga para o passado, mas fala em paraísos, em idades de ouro, situadas nos longes do futuro: e a preocupação de provas, a fidalguia da estirpe é o meio mais adequado de negar a crueza do presente.

No que se refere aos bandeirantes, há ainda um fato de importância essencial – quando houve ocasião, largaram todos a vida burguesa e mediana das campinas de Piratininga e invadiram o sertão em todas as direções. Os paulistas estavam literalmente presos, amarrados pela economia mesquinha e a vida urbana da metrópole do planalto. Queriam os grandes espaços, desejavam dar alimento a sua sede verdadeiramente fáustica de ouro, de luta, de sangue, de conquistas. E onde houvesse índio a prear, quilombos a destruir, matas para atravessar, rios para varar, montanhas para dominar, ouro e pedras a achar, lá estavam os ferozes bandeirantes, cuja ferocidade demonstrava uma vontade de poder digna

---

[14] N.E.: Max Scheler (1874-1928), filósofo alemão fenomenologista, preocupado especialmente com a filosofia dos valores, era, segundo seus comentadores, um organicista. Debatido entre seus contemporâneos, influiu no pensamento de Hartmann, de Heidegger, de Edith Stein, entre outros pensadores. Escreveu artigos e obras como *Sociologia do saber, O sentido do sofrimento, O espectador*.

de descendentes, culturais ao menos, dos reis suevos. Fernão Dias e seus colegas em Minas, Cuiabá, Goiás, Palmares e Paraguai demonstravam ser animados pela sede de espaço, pela ambição ao infinito, do espírito fáustico, e pertencer à mesma família dos cruzados, dos "conquistadores", dos descobridores e navegantes, enfim, desta corte terrível. É claro que não convém exagerar: os Leme, os Prado, os Bueno não eram o que se poderia chamar de arianos puríssimos nem de nobre e altíssima linhagem. Mas, tecnicamente, eram "nobres". Ainda mais que havia sangue de bugre nas suas veias...

Foi talvez essa a grande influência do índio nas Bandeiras, guerreiros e nômades como eram, facilmente que a sua influência seria benéfica na formação dos sertanistas. Seria o que se poderia chamar de mestiçagem de valor positivo. Quando se lançavam na aventura do sertão, estavam ouvindo a voz de suas mães índias, cujo sangue os fazia inquietos e difíceis na cidade. Além disso, havia os índios que os auxiliavam diretamente, na qualidade de membro das "mesnadas" selváticas. E não poderia haver melhor auxílio.

Por último, havia o interesse de caça ao índio, o ciclo do ouro tendo começado pelo ciclo de caça ao índio. O indianismo foi a feição, a armadura de que se revestiu o velho espírito feudal para adaptar-se às florestas da América. Não era o tupi a sua língua própria? Não davam eles nomes indígenas aos lugares? Levados pela sede do ouro, do índio e de aventuras, os bandeirantes vararam o mato em todas as direções. Quando afinal descobriram o ouro, a ele atiraram-se com toda a alma, desprezando tudo que não fosse a procura do metal. E um dos primeiros fatos da história mineira é a série de fomes e carestias que assolaram os dias iniciais da Capitania. Os descobridores do planalto central, os vencedores de Palmares[15] e das Reduções não eram homens para os humildes e essenciais misteres da vida laboriosa. Mas então apareceram os *emboabas*.

---

[15] N.E.: Palmares, situado na Serra da Barriga (Alagoas), foi o mais conhecido de todos os quilombos do período colonial brasileiro. De larga duração, em torno de seis décadas, sua população teria chegado aproximadamente a 30.000 habitantes. Organizado economicamente (plantio, caça e troca) e em bases militares, sua liderança era hierarquizada, tendo por chefias, por um longo período, Ganga-Zumba e posteriormente Zumbi. Foi destruído pelo bandeirante contratado para tal fim, Domingos Jorge Velho.

Etimologicamente falando, "emboaba" significa "perna cabeluda" e lembra-nos os reinóis citadinos de calções curtos e não os bandeirantes de botas de cano alto. Essa gente emboaba era afinal de três espécies: os baianos, os aventureiros reinóis ("os homens de calidade") e os oficiais d'el-rei. Deles nos ficou a imagem de Manuel Nunes Viana, vindo diretamente do reino, agricultor e comerciante, possivelmente cristão novo, controlando o sertão e a serra. Naturalmente que os paulistas teriam choque com essa gente, fossem os baianos que vinham tangendo os seus bois desde os currais do São Francisco, fossem os burgueses de Portugal que entravam pelo Rio, palminhando os caminhos já batidos e sem correrem os perigos das selvas, e, finalmente, mesmo os oficiais régios, os terríveis cobradores do quinto.

A julgar pelas narrativas transcritas pelos historiadores, os bandeirantes andaram brigando principalmente com os emboabas da segunda espécie, os reinóis vindos das cidades. Que eram citadinos mostra-nos o fato de usarem calções e não trajes rústicos. E que eram mais mecânicos e comerciantes que guerreiros, temos a sua tendência às profissões burguesas. É possível que seja devido às consequências da derrota do "capão da traição";[16] mas os paulistas geralmente passavam e não ficavam. Descobriam, exploravam, povoavam, mas nunca permaneciam nos lugares que descobriam. Todos os grandes nomes das bandeiras foram morrer longe do lugar que descobriram ou fundaram. Nenhuma cidade mineira conserva os ossos de seus fundadores, ou, ao menos, os seus descendentes. Geralmente, estes restos são encontrados a mil léguas da cidade – suas filhas. Pode ser consequência da guerra. Mas não seria efeito do espírito nômade e guerreiro do mameluco? Os emboabas ficaram; estavam mais aptos para sobreviver. Eram oficiais mecânicos, pequenos burgueses das cidades, não – naturalmente – os

---

[16] N.E.: O Capão da Traição, episódio um tanto lendário da tradicionalmente denominada Guerra do Emboabas (entre 1707 e 1709), em local próximo ao Rio das Mortes, teria marcado, com violência, a vitória emboaba (ou reinol) no conflito difuso com os paulistas. O antagonismo, quando assumiu dimensões nitidamente políticas, ensejou a intervenção das autoridades régias para a instalação e regularização de órgãos administrativos no âmbito da justiça e da ação fiscal, assim como a criação, em 1709, da Capitania de São Paulo e Minas do Ouro, e a elevação de alguns arraiais a vilas.

que estavam com a vida em ordem, mas aqueles que estavam fora dos quadros da vida urbana medieval.

A economia fechada das corporações colocava sempre um certo número de pessoas à margem da sociedade, indivíduos que correspondiam na plebe aos filhos cadetes dos nobres. Além disso, nos séculos XVII e XVIII as corporações tinham perdido a sua flexibilidade; estávamos no reino das "obras-primas", dos grandes prêmios pagos pelos que desejassem o direito de pertencer às corporações. Já se esboçava o capitalismo com a exploração dos oficiais pelos mestres.

Além disso, havia o cristão novo. Infelizmente, ainda não fizemos a necessária devassa nos arquivos eclesiásticos, procurando nos processos de heresia e análogos aquelas ótimas informações que nos proporcionara a publicação das *Visitações do Santo Ofício* na Bahia e no Norte.[17]

Os arquivos comuns já dão notícias em número infinito de pessoas naturais do reino moradoras nas Minas (são milhares as cartas ao Rei pedindo licença para trazer família do reino para cá, para ir visitar a família, etc.). Mas vou dar um exemplo: o famoso João Gomes Batista, abridor de Cunhos na Casa de Fundição da Vila Rica, que se supõe tenha sido o mestre do Aleijadinho na técnica da escultura, veio para Minas com nome trocado. Não se sabe muito bem por quê. Mas Gomes Freire foi encontrar o pseudo Tomaz Xavier de Andrade e nele reconheceu o discípulo de Vieira Lusitano[18] e de Mengin,[19] nomeando-o para abridor de cunhos.

Há um documento no Arquivo Público Mineiro que fala de um convento do Maranhão completamente abandonado pelos frades que

---

[17] N.E.: Com a instalação da Inquisição em Portugal, entre 1536 e 1560, foi por meio das Visitações do Santo Ofício que se desenvolveu a ação inquisitorial muito ligada à malha administrativa e eclesiástica e à organização de tribunais. As visitações eram a "inquisição volante", uma inspeção que percorria os territórios para ouvir as confissões e as denúncias de crimes, as heresias atinentes ao Santo Ofício.

[18] N.E.: Francisco Vieira Lusitano (1699-1783), membro da prestigiosa Academia de São Lucas, em Roma, foi pintor oficial da corte do monarca português Dom João V, que reinou no século do ouro, entre 1706 e 1750.

[19] N.E.: O artista francês Antoine Mengin formou em Lisboa o português João Gomes Batista, com quem Aleijadinho teria feito seu aprendizado na área da escultura de relevos ornamentais. Cf. COSTA, Lúcio. Antônio Francisco Lisboa, o "Aleijadinho". In: *O universo mágico do barroco brasileiro*. São Paulo: Sesi, 1998, p. 169.

fugiram para as Minas. Eram multidões os aventureiros à cata da riqueza fácil esquecida no fundo dos córregos.

Um estudo exaustivo do material humano entrado nas Minas (o que o autor espera fazer um dia, depois de ter coligidos os dados necessários) mostraria que para cá não veio propriamente a "ralé" do Reino, e sim elementos flutuantes e marginais das classes sociais muito rígidas da Europa do XVIII século. Afinal, que é a ralé?

A economia de estruturas muito travadas como a do Antigo Regime colocava, em todas as classes, umas tantas pessoas impossibilitadas do exercício de uma profissão definida. Ora, a América do Ouro seria a solução ideal para esta gente. Até hoje a imigração europeia, Portugal, principalmente, tem esta fonte: filhos segundos de famílias pobres, ou remediadas, impossibilitados pela relativa estreiteza do meio de continuar a profissão paterna, partem para o novo mundo.

Além disso, temos que mesmo o pessoal mais ou menos estabilizado seria tentado a procurar ares mais largos do lado de cá do oceano. E devemos ter muito cuidado ao usarmos a expressão "aventureiro", referindo-se à gente antiga. Henri Pirenne[9] estudou minuciosamente a origem e a formação dos "aventureiros", dos mascates, dos mercadores ambulantes da Europa medieval, que em bandos armados para defenderem-se dos salteadores acastelados percorriam as estradas, de feira em feira, lançando as bases do grande comércio e do capitalismo. Era gente muito direita, de boa origem nobre ou plebeia, apenas não podendo viver na casa paterna, que esta era muito pobre para a família numerosa.

Eis o que diz o grande historiador belga sobre a questão dos "aventureiros":

> A diferença essencial que surge entre os mercadores e os artesãos das nascentes vilas e a sociedade em meio da qual aparecem proveio de seu gênero de vida, que já não está determinado por suas relações com a terra. A este respeito, formam, com toda a força da expressão, uma classe de "desenraizados".

Mais adiante, prossegue:

> É indubitável, em primeiro lugar, que o comércio e a indústria deveram recrutar-se em sua origem em homens desprovidos de terras de que viviam, por assim dizer, à margem de uma sociedade em que somente a terra garantia a existência. Estes homens, porém,

eram muito numerosos. Sem contar os que, em tempo de fome ou de guerra, abandonavam o solo natal para buscar em outra parte meios de existência e que nunca regressavam, temos que levar em conta todos os indivíduos que a organização senhorial não conseguia alimentar. Os lotes dos camponeses eram de tal modo medidos que ficava seguro a cobrança das prestações que os agravavam. Sucedia, pois, que os filhos menores de um vilão que tinha a seu cargo numerosa família, se viam obrigados a abandonar a seu pai para permitir-lhe pagar a renda devida ao senhor. Iam, então, engrossar a massa das pessoas que vagabundavam pelo país e iam de uma abadia à outra para receber a parte que lhe cabia das esmolas reservadas aos pobres; nas épocas das colheitas ou das vindimas empregavam-se com os camponeses; alistavam-se na qualidade de mercenários nas tropas feudais em tempo de guerra. Não deixaram de aproveitar os novos meios de vida que lhes oferecia, ao longo das costa e nos estuários dos rios, a chegada de barcos e de mercadores. Impulsionados pelo espírito de aventura, não resta dúvida que se engajaram nos barcos venezianos ou escandinavos que necessitassem de marinheiros; outros entraram para as caravanas de mercadores...

O fenômeno que se observou no século XI repetiu-se no XVIII.

Outro fato que teria provocado a vinda de pequenos burgueses para as Minas: a Justiça. Desde cedo vieram degredados e fugitivos. Nada melhor que a confusão do Novo Mundo para esconder quem tinha contas a prestar com os tribunais civis e eclesiásticos. Agora, não eram pessoas horríveis, estas. O direito criminal das ordenações, indicando o *morra por ello* a respeito dos menores delitos, o rigor com que a Inquisição e el-rei perseguiam crimes sexuais, de bruxaria e de judaísmo, punha muita gente, nem sempre monstruosa, nos bancos dos réus. Daí a quantidade enorme de sentenciados e fugitivos dos cárceres vindo para cá. Nem a metade, porém, infringindo artigos das nossas atuais consolidações das leis penais. Eram criminosos para o tempo. A maioria possivelmente de origem judaica. Aqui, atiraram-se no torvelinho das minas.

De qualquer modo, os emboabas acabariam vencendo por si, mesmo que não houvesse luta armada. O fato de conhecerem os ofícios mecânicos, os seus hábitos de vida comercial e agrícola levariam vantagem sobre o nomadismo dos paulistas.

O Sr. Luiz Camilo de Oliveira Neto, num trabalho sobre João Gomes Batista, publicado na Revista do Serviço do Patrimônio Histórico e Artístico Nacional – n. IV –, fez uns comentários em torno das ainda imprecisamente conhecidas origens dos ofícios mecânicos em Minas, mas que confirmam esta nossa suposição de que para cá vieram de preferência membros das agremiações medievais, pessoas decentes e não gente sem eira nem beira. Outra prova dá-nos a organização rápida, em 20 ou 30 anos, dos principais grupos de ofícios mecânicos. Mas, vejamos o que diz o Sr. Oliveira Neto:

> A fraca estabilidade apresentada pelos arraiais criados no interior do país, no período inicial da exploração do ouro de lavagem, perdurou ainda durante muitos anos depois da fundação das três primeiras vilas, em 1711, quando Antônio de Albuquerque Coelho de Carvalho escrevia ao Rei de Portugal para informar que a concentração dos habitantes em determinados pontos do território mineiro justificava a instalação dos núcleos urbanos. D. Braz Baltazar da Silveira, em carta para Lisboa, de abril de 1715, lembrava que as povoações, constituídas por aventureiros e exploradores saídos de todas as partes do Brasil e dos que de além-mar conseguiam se transportar para a América, estavam muito em princípio e que a experiência não tinha provado a sua segurança. O Conselho Ultramarino baseado nesta e em outras informações semelhantes julgava desaconselhável a edificação de Hospícios de religiosos em Minas até que *o tempo mostre que aquelas povoações têm permanência.*
>
> Da precariedade das primeiras construções que se espalhavam por Vila Rica, Carmo, Sabará, São João del-Rei e os mais primitivos centros de povoamento mineiro até o enriquecimento construtivo do fim do século XVIII vai um longo caminho que foi percorrido em prazo curto. Ainda é prematuro procurar reunir e examinar, com maior ou menor segurança, a transformação que se verifica mesmo com um estudo superficial.
>
> Das primeiras casas e capelas apressadas e feitas de improviso, aos templos e edifícios mais consideráveis, a maior experiência terá sido a representada pelo conjunto de construções que se realizavam simultaneamente, possibilitando, assim, a transferência de oficiais, que o adestramento dos aprendizes continuasse sem interrupção. A questão da aprendizagem, por sua vez, deve ser encarada de vários ângulos, pois, talvez, a influência direta

de profissionais portugueses possuidores de maior erudição ou técnicas mais avançadas, como José Fernandes Pinto Alpoim, ou mesmo anteriormente Pedro Gomes Chaves, não tenha atingido, em primeira mão, os oficiais de cujo círculo iriam sair, anos depois, os criadores das melhores edificações da época. Excetua-se, naturalmente, Manuel Francisco Lisboa, que não tem menos significado como mestre Aleijadinho do que como autor de vários trabalhos de relevo. Vindos de Portugal ou nascidos aqui e fazendo o seu aprendizado profissional no decurso de obras de longa duração, formara-se, lentamente, pela observação direta dos empreendimentos de maior envergadura que iam executando, uma ponderável cultura técnica pela manutenção das melhores normas tradicionais lusitanas e seu progressivo enriquecimento pelas exigências e recursos da Colônia.

A diversidade do clima, maior em algumas regiões que em outras, estabelecia necessidades de adaptação a serem atendidas com materiais locais, o que representava muitas vezes verdadeiro trabalho de criação. Nas especificações e contratos, que só ultimamente se te divulgado, graças aos trabalhos sistemáticos de investigação feitos pelo S. P. H. A. N., apontam-se indicações muito precisas a este respeito, tais como sejam o conhecimento das madeiras em suas aplicações mais aconselháveis a determinação dos períodos longos para a secagem e das épocas de corte, a escolha das pedreiras possuindo material de melhor qualidade e mesmo a recusa de parte daquele considerado inferior.

É óbvio que estas prescrições só podiam ser estabelecidas depois de provadas por uma experiência segura, conseguida da prática de muitos trabalhos, e que os seus autores estivessem integrados nas condições e necessidades da construção colonial.

Também é preciso não esquecer que as normas tradicionais da Metrópole e as modificações sofridas no Brasil, que iam de certa maneira situar as atividades dos mestres, oficiais e aprendizes (apesar de até hoje pouco conhecidas), possuíam fundamentos técnicos de acentuada valia.

A formação profissional processando-se quase exclusivamente nas oficinas e nas próprias construções, as modificações impostas pelas novas necessidades e pelos novos materiais (ou em razão de outros fatores) seriam adquiridas rapidamente, na primeira fase, porém, pouco sujeitas a melhoramentos bruscos daí por diante.

> É possível procurar nas regras firmadas no Regimento dos oficiais mecânicos e compiladas pelo licenciado Duarte Nunes Leão, em 1572, a mais longínqua origem das normas utilizadas no Brasil colonial, tendo, aliás, sempre em vista que se perduravam, graças à sua força tradicional, os fundamentos técnicos (mesmo estes alterados, como nos referimos, pelas necessidades, condições, materiais, locais e outros fatores), as demais prescrições de caráter econômico e social sofreram modificações muito mais profundas.[10]

Como seria possível que, ao tempo do Aleijadinho, conhecessem os construtores mineiros os processos de utilização das madeiras e outros materiais nativos se não fossem experimentados "técnicos" abalizados que, depois de rápidas tentativas, conseguissem selecionar o material da terra? Naturalmente que os carapinas portugueses estudariam vários tipos de madeira, escolhendo as semelhantes às conhecidas e faziam nesta base a substituição depois de algumas tentativas. Aliás, foi um processo muito usado: substituir por coisas da terra as da Europa. Não temos codornizes brasileiras em nada semelhantes às portuguesas? Não deram aos urubus o nome de corvos? E assim por diante.

Mas a vitória na Guerra dos Emboabas foi decidida, em última análise, pela ajuda das tropas del-rei. Com os canhões – ainda hoje montando guarda no Arquivo Público Mineiro – do Sr. Conde de Assumar, a paz começou a ser feita – "à bala" – nas turbulentas Minas.

Com os governadores, uma nova espécie de gente começou a entrar pelo planalto adentro: os inúmeros oficiais militares e civis da administração régia.

O que mais definia esta nova espécie de imigrantes era o fato – independente de sua origem fidalga ou vilã – de serem todos elementos de ordem e vida civilizada, pessoas acostumadas com a vida urbana e sujeitas às leis. Quer dizer: o emboaba puro, sem mescla alguma de espírito aventureiro e perfeitamente domesticado. O acampamento de faiscadores foi conquistado por uma legião de burocratas. À sombra destes floresceram com mais vigor ainda as atividades burguesas dos emboabas.

Simultaneamente com os emboabas e com a exploração organizada das lavras, entraram em Minas os negros. Contra o Sr. Cassiano Ricardo e a favor do Sr. Salomão de Vasconcelos[20] temos de acreditar que não houve negros nas bandeiras; um ou outro, é claro, para carregar fardos, vá lá. Mas a invasão veio depois, levas enormes entradas pela Bahia ou pelo Rio – "os comboios" – vinham permitir a extração do ouro, que não poderia ser feita senão à força humana. Quando já nos confins, entre os séculos XVIII e XIX, no momento em que a mineração passava das lavras e da faiscagem para a forma definitiva e final de longas galerias pela terra adentro, a cooperação do negro tornou-se condição *sine qua non* da exploração do ouro.

Para avaliarmos a quantidade de escravos exigida por esta forma de mineração, temos um fato observado em Itabira: o filão aurífero forçara uma queda de nível na mina. Como fazer a terra subir da galeria inferior à superior? Transformaram a galeria descendente em escada; em cada degrau ficava um escravo, que passava o cesto de terra de mão em mão. Considerando que era necessário haver homens cavando, homens transportando do *bottom* à escada e do topo desta à boca da mina, temos que reconhecer a necessidade de uma pequena multidão para movimentar a fábrica. Isso sem contar os trabalhos de lavagem do ouro fora da mina, que exigia número muito grande de trabalhadores.

Se o índio era o homem adequado para a aventura guerreira das bandeiras, o negro era o material naturalmente designado para a exploração pacífica e rendosa das minas. Num estágio de cultura superior ao dos índios, alguns já conhecendo o tratamento dos metais, acostumados à vida sedentária, os pretos dar-se-iam bem com a vida das lavras. Às vezes fugiam para os quilombos. Quase sempre, porém, preferiam aderir à civilização. Aliás, mesmo os que iam fundar quilombos levavam consigo restos de civilização e, mesmo, de cristianismo. É bom que recordemos o fato de estarem os índios em formas primitivas e primárias de civilização, quando os negros (com exceção dos poucos bosquimanos que vieram até cá) pertenciam a ciclos primários e secundários de cultura. Pode-se dizer que os negros já tinham dado início à marcha para a civilização, o que facilitava muito a tarefa.

---

[20] N.E.: VASCONCELOS, Salomão de. *Bandeirismo: estudo das bandeiras paulistas na descoberta de Minas Gerais*. Belo Horizonte: Biblioteca Mineira de Cultura, 1944, v. XV, p. 33-34.

Segundo o Sr. João Dornas Filho,[21] conhecedor da questão e com pesquisas próprias entre negros de Minas, é possível interpretar do seguinte modo a influência do negro em Minas.

> Não só a passividade e a brandura, entretanto, mas também um estágio mais adiantado de civilização proporcionou o fato de se operar o caldeamento tranquilamente, concorrendo com mais esse importantíssimo fator de unificação. O negro já vivia na África sob a influência de uma cultura superior, com decidida vantagem sobre a do índio, fazendo a agricultura regular, pastoreando o gado e fazendo siderurgia. Foi ele que introduziu no Brasil o processo de redução do ferro pelos fornos de cuba, remanescente provável de alguma instituição árabe no oriente africano.

E acrescenta em nota: "Em Minas foram os escravos oriundos dos portos de Guiné, no reino de Gâmbia, centro do comércio de ferro no interior da África e mais tarde os de Moçambique e da Costa Oriental". Mais adiante comenta:

> Os minas, então sempre se notabilizaram pela inteligência, pela operosidade e pela poupança, fazendo pecúlio, e chegando mesmo a adquirir fortuna. Extremamente unidos entre si, os mais ricos auxiliavam a alforria dos mais pobres, e em Minas Gerais há o exemplo daquele Chico Rei, príncipe na sua terra africana, que foi libertado aqui por seus vassalos, assim como toda a família imperial, e coroado e venerado em Ouro Preto, onde saía à rua debaixo de pálio e seguido da sua corte numerosa. Generosos e amigos, não raro amparavam os próprios senhores caídos na miséria, socorrendo-os com os recursos que conseguiam amealhar depois de forros pelo trabalho.[(11)]

Aliás, muito se explica este fato pelo processo de seleção artificial que era o tráfico. Vinha para cá naturalmente a aristocracia das selvas africanas. Haja vista a grande quantidade de muçulmanos estudados por

---

[21] N.E.: João Dornas Filho (1902-1962) fez estudos nos campos da antropologia cultural, da sociologia e da história. Membro da Academia Mineira de Letras, entre seus livros e artigos, destaca-se *A escravidão no Brasil*. Rio de Janeiro: Civilização Brasileira, 1939 – livro citado por João Camillo – e *O ouro das Gerais e a civilização da capitania*. São Paulo: Companhia Editora Nacional, 1957.

Nina Rodrigues, Gilberto Freyre e Artur Ramos[22] na Bahia e outros pontos. Ou então Chica da Silva e o Chico Rei, que não teriam o prestígio que tiveram se não fossem figuras de elite.

A capacidade de adaptação extraordinária no negro e inexistente no índio vem mostrar, também, a qualidade diferente de suas culturas. O índio pertencia a um tipo de cultura em conserva, há mil séculos: era um primitivo. Já o negro pertencia a culturas vivas, em fase de desenvolvimento. Os Jês (tapuias) são classificados entre tipos de cultura primitiva, como os bosquimanos, os negros do Sul da África, etc.

---

[22] N.E.: Raimundo Nina Rodrigues (1862-1906) foi médico legista, psiquiatra e antropólogo. Como professor na Faculdade de Medicina da Bahia, encontrou ambiente favorável às pesquisas sociais herdeiras da chamada antropologia criminal (do médico Cesare Lombroso) e do pensamento sociológico positivista na área penal (a partir da tese de que deveriam existir códigos penais diferentes para *raças* diferentes). Escreveu, entre outras obras, *As raças humanas e a responsabilidade penal no Brasil* (1894), *Mestiçagem, Degenerescência e crime* (1899), *O animismo fetichista dos negros da Bahia* (1900) e *Os africanos no Brasil* (1932). Defendeu teses racistas, ainda que consideradas científicas e *modernas*, para comprovar a degenerescência e a tendência ao crime de negros e de mestiços. Cf. CORRÊA, Mariza. *As ilusões da liberdade: a escola Nina Rodrigues e a antropologia no Brasil*. Bragança Paulista: Edusf, 1998.

O sociólogo pernambucano Gilberto de Mello Freyre (1900-1987) estudou nas universidades norte-americanas de Baylor e de Columbia na qual conheceu Franz Boas, sua principal referência intelectual. Em 1922 publica sua tese de mestrado *Vida social no Brasil nos meados do século XIX* e, em 1933, o seu mais conhecido livro, o clássico *Casa-grande & senzala*. *Sobrados & mucambos* (1936), *Açúcar* (1939), *Ordem & progresso* (1957), entre outros livros e artigos, compõem sua vasta produção intelectual de interpretação da cultura brasileira, a partir de reflexões sobre a colonização portuguesa. Freyre recusa a tese de "determinismo racial" e dá ênfase aos complexos processos culturais, estudando as relações sociais e a miscigenação sobretudo nas regiões agrárias do Brasil com a predominância do patriarcalismo rural e o paternalismo senhorial.

Arthur Ramos de Araújo Pereira (1903-1949), médico psiquiatra, etnólogo e antropólogo contribuiu para o processo de institucionalização das ciências sociais no Brasil, como professor de psicologia social. Foi também diretor do Departamento de Ciências Sociais da Unesco, em 1949. *O negro brasileiro* (1940), *A aculturação negra no Brasil* (1942) estão entre as suas obras mais conhecidas. Humanista, empunhava bandeiras contra o preconceito racial, mas, efetivamente, sua atuação ajudou na construção do mito da democracia racial no país. Trabalhou ao lado de Anísio Teixeira (pensador escolanovista) na instrução pública do Distrito Federal; a partir de suas ligações com a psicanálise, dirigiu o Instituto de Higiene Mental, além de tentar aplicar teorias psicológicas à educação brasileira.

Os negros do Congo, Guiné, Sul do Zambeze, etc. já pertencem a tipos de civilização primária de pequena cultura: propriedade privada, vida sedentária, instrumentos musicais de corda, indústrias do couro, abandono do arco, etc. São culturas altamente complexas e evoluídas. Em algumas já encontramos princípios de indústria siderúrgica.[12] Segundo alguns autores, as forjas de Itabira[23] e outros lugares nasceram do aperfeiçoamento pelos técnicos estrangeiros mandados por D. João VI, de forjas africanas (o Sr. João Dornas Filho pensa assim).

Historicamente, podemos apontar os seguintes fatos relativos à história do ferro em Itabira: fornos africanos primitivos que, segundo soube St. Hilaire quando por lá andou nos princípios do século passado (século XIX), nasceram das atividades dos africanos que trouxeram suas artes da África. Mais tarde, exploração organizada e em maior escala, os métodos civilizados, nos moldes dos ensinamentos de Mawe, Eschewege e outros. Em 1930, já pertencentes a uma companhia estrangeira, esses fornos eram mantidos pelo trabalho de pretos descendentes dos antigos escravos. Temos a impressão que descendem dos fundadores das forjas primitivas. Os negros aqui antecederam e sucederam aos brancos. Isso prova que a siderurgia ia-lhes no sangue.

A vitória final não poderia deixar de ser dos emboabas. E o que assistimos do segundo quartel do século XVIII em diante nada mais foi que a progressiva "emboabização" de Minas, isto é, a transformação dos grupos feudais e nômades em agrupamentos sedentários. A situação econômica obrigando a quem quisesse sobreviver a ser um emboaba, um bicho de cidade, obediente e servil como o rato da fábula.

Às influências decisivas da multidão de negros e negras agindo no mesmo sentido devemos somar o grande denominador, o grande

---

[23] N.E.: A localidade de Itabira pertenceu, no século XIX, à comarca de Piracicaba e à diocese de Mariana. Desde 1825, como sede paroquial, teve sua emancipação administrativa no ano de 1833, quando seu território foi separado do de Caeté. Em 1848, a Vila de Itabira do Mato Dentro foi elevada a cidade. A extração minerária marcou sua economia, entre o século XVIII e meados do século XIX. Superada a fase da mineração nos aluviões, passou-se à mineração das aflorações das encostas das serras da região (Conceição, Itabira, Santana, etc.), ricas em hematitas (variações do minério de ferro de alto teor), e à instalação e expansão das forjas (manufatura do ferro) na localidade.

definidor que foi a realmente moralizadora e benéfica – apesar de drástica – ação das autoridades régias.

> É – a potência do estado – uma energia peculiar de coesão entre os que constituem um povo, e ao mesmo tempo, de domínio sobre os demais, ou em frente às coletividades nacionais. É, pois, direta e exclusivamente, vontade de soberania interna, que elimina a lassidão da vida social e impede a falta de submissão dos grupos e indivíduos relativamente à sociedade nacional. O estado é uma vontade unitária de domínio que nada tem a ver com os desejos de convivência, fundados em laços de sangue, idioma, etc. Ao contrário, a vontade do estado exerce sua mais genuína missão quando se impõe à tendência repulsiva de raças diversas, obrigando-as a conviver e a colaborar em uma vida superior integral.[13]

Foi precisamente o que houve aqui. Quando Assumar[24] foi para a Índia encerrar a aventura dos Castro e Albuquerque com a tomada de Alorna[25] que o ia fazer marquês, podia ir tranquilo, que as Minas Gerais já eram uma região policiada e onde as leis eram obedecidas. Bem ou mal obedecidas, isso não vinha ao caso. Mas já era alguma coisa definida. Aliás, não foi sem razão que Sua Majestade mandou para aqui um tão valente general: a questão era puramente militar. Depois viriam os Gomes Freire, estadistas construtivos, os Cunha Menezes, com altas pretensões. A coisa agora era a ferro e fogo. Muita coisa ficaria explicada se não fosse esquecida a missão militar de D. Pedro de Almeida.

---

[24] N.E.: Pedro Miguel de Almeida Portugal (1688-1756), o Conde de Assumar, foi o terceiro governador e capitão-general da capitania de São Paulo e Minas do ouro, entre 1717 e 1721. Durante seu governo, reprimiu as sedições dos moradores poderosos (notadamente as sedições de Vila Rica, resultando no julgamento sumário de Felipe Santos), ocasionadas principalmente pela reorganização do regime tributário.

[25] N.E.: A campanha militar de Alorna incluiu a tomada desta praça comercial pelo Conde de Assumar, vice-rei da Índia portuguesa (desde 1744), que foi agraciado com o título de Marquês de Alorna em 1748. João Camillo faz referência aos apelidos de antigos vice-reis, antecessores famosos do Marquês, que teriam conseguido vitórias das armas portuguesas na Ásia.

Esta ilustração, como as que se seguem, são de Alberto da Veiga Guignard – contratado pela Livraria Cultura Brasileira, de Belo Horizonte (MG), em 1944 –, para compor a primeira edição do livro *O homem e a montanha*, de João Camillo de Oliveira Torres.

CAPÍTULO III

O latifúndio em profundidade

O Sr. Gilberto Freyre estudou com muita inteligência e segurança a figura do senhor de engenho, chefe feudal dentro de sua casa grande, rodeado de senzalas e de engenhos, os extensos canaviais separando-o do mundo. Era uma cultura patriarcal, escravocrata, agrária e latifundiária.

Devido a uma série de circunstâncias mais do que conhecidas e algumas bem estudadas, a colonização do Brasil foi feita por intermédio do negro. Hoje em dia há mais que restringir que realçar no tocante aos estudos sobre as influências do negro no Brasil, tais os exageros em que caíram os escritores, com a "moda" do afronegrismo.

O certo é que, devidos às distâncias que separavam o Brasil do resto do mundo, somente podíamos (ou podemos) dedicar-nos a indústrias passíveis de atravessar longos mares bravios, ou uma produção em tão grande escala que permitisse essa aventura. O sempre despovoado Portugal não poderia arcar com as dificuldades de tão grande aventura e teria de passar a ser o cérebro diretor, cabendo aos pretos a função de braços executores. E tudo tendo de ser feito em grande escala, o latifúndio tornou-se o mal necessário.[14]

Com relação aos trabalhos de pesquisa do ouro, temos que reconhecer três fases por que passou a indústria, a terceira, a definitiva, que foi a mais exigente entre as demais atividades econômicas brasileiras no que se refere ao consumo de gente de cor.

Assim, tivemos inicialmente a "faiscagem", a lavagem do ouro na areia dos rios e córregos, sem mais indústria que a construção de regos e diques de pedras soltas. Nessa fase estiveram presentes os paulistas, aqui se enriqueceram, sumindo depois como bandeirantes. Foi uma ocasião de fortunas rápidas, de lutas e de períodos de carestia. Era pequeno o trabalho escravo.

Sendo uma fase muito passageira, pois o ouro fugia logo, passou-se pouco depois ao segundo estágio, no qual eram usados engenhos de lavagem, construídos grandes regos e desvios e cavadas minas a céu aberto. Aqui já era grande o número de trabalhadores escravos para cada senhor.

O ouro, porém, fugia para o centro da terra. Então, vieram as minas propriamente ditas, longas galerias cavadas terra adentro, com os "sarilhos" ou respiradores abrindo de vez em quando para ventilar a mina ou para comunicação e transporte para o interior por meio de "caçambas" (elevadores de manivela, como nas cisternas). Essa fase foi a definitiva; se não produziu fortunas colossais, dava dinheiro sólido e estável.

Era uma economia escravocrata. E, no Brasil, somente não o foi o ciclo do ouro (naturalmente se excetuarmos a economia pós-escravocrata). Também latifundiária. Aqui, porém, entra uma originalidade, de tal forma espetacular, que a torna única no Brasil. Em Minas, o latifúndio não era em extensão e sim em profundidade; não era rural e sim urbano.

As povoações mineiras surgiram no fundo dos vales, ao pé dos grandes montes de cujo seio vinha o ouro dos rios. Começava tudo, como se disse, pela faiscagem no ponto de estagnação das águas, no centro da bacia, geralmente no lugar da confluência dos córregos. Depois, os mineiros subiam os leitos das torrentes e na fase final escavavam o seio da montanha. Todas as povoações "mineiras" parecem estar no fundo de um poço; temos que olhar muito para cima, quase na vertical, para ver o céu azul, às vezes. Os faiscadores mais ousados, mais felizes, conseguiam fazer a subida à montanha. Mais tarde cada um tinha a sua mina. Todos, porém, tinham o laço comum que eram os tempos de faiscagem, ombro a ombro, no rio frio, a cabeça ao sol ardente. E a capelinha ficava marcando o ponto inicial.

Uma fazenda, um engenho são centros de um longo círculo de terra batida pelo sol. A mina, porém, é um centro de caminhos divergentes.

Na superfície da terra, um ponto apenas: o negro orifício da entrada. E o lugar habitável mais próximo é a encosta suave do contraforte da montanha, é a confluência das ribeiras no fundo do vale.

Mas este ponto de convergência era o mesmo para todas as minas da montanha, e era o ponto inicial, o arraial primitivo, onde começara a faiscagem. Ali também, ao lado da igreja, abrira-se uma venda. A igreja que era de todos e a venda que era para todos. A casa-grande do senhor do engenho era um castelo feudal; o sobrado do senhor das minas era um *palazzo* de patrício florentino. Geralmente as vendas estavam no andar térreo – as lojas – dos sobradões. Porque o senhor das minas não se importava com o exercício do comércio e outros misteres burgueses. Tais como guardar dinheiro dos outros. Eles já não eram industriais? Por que não ser, também, comerciante ou banqueiro? E sendo pontos da periferia de um centro que não era uma ficção jurídica, os mineiros tratavam a todos por "vossa mercê", e até hoje notamos uma profunda repugnância do mineiro a usar da segunda pessoa, principalmente no singular. Parece vergonhoso dizer-se "tu". Como também conjugar o verbo "amar". Dizemos à amada: "gosto de você" e não "eu te amo".

Do adro da matriz, conversando com os amigos, podia o senhor das minas ver a entrada da sua. Todas as velhas cidades mineiras são vigiadas por um exército de bocas da mina, cegos olhos da terra.

Em Itabira (geralmente dou exemplos dessa cidade por serem menos conhecidos e que confirmam sempre o que se sabe com mais profundidade a respeito de Ouro Preto, Mariana, Sabará, etc.), a povoação começou pela capela do Rosário, no local onde há uma igreja de feição bem arcaica. É um pântano bem no fundo do vale, na base do Cauê, todas as águas que descem da montanha confluindo no local. Ali se achou o primeiro ouro e fez-se a capela. Ao lado da capela temos o velho hospital, construído em meados do século passado [XIX], na casa que foi do sargento-mor Paulo José de Souza, fundador principal das forjas do *Girau* e primeiro presidente da Câmara Municipal. Esse Major Paulo foi um dos potentados do ouro contemporâneo de João Francisco Paulo Andrade e do Capitão Tomé.

Primeiro a povoação subia a serra, e temos a rua de Santa Ana coleando montanha acima até o "Campestre", em plena zona de mineração.

No tempo de St. Hilaire era a rua principal. Hoje está abandonada, ou quase. No ponto mais alto da rua, ela salta um dos córregos que fazem junção no Rosário. Esse local chama-se a "boca da mina". Porque ali começa a zona dos sarilhos e cavas. Vê-se perfeitamente que o córrego foi faiscado até o platô do Campestre. Nesse ponto começou a escavação e o trabalho mecânico. Do ponto em que atravessa a rua de Santa Ana em diante, o córrego continua no fundo de uma cava bem profunda, impossível de ser definido como sendo mineração a céu aberto ou mina abatida. O bairro do Campestre, construído num grande bloco de "canga", sempre deu a impressão de um povoado africano. Realmente, os seus habitantes foram principalmente negros das minas. E desse lugar em diante devemos ter cuidado, pois qualquer moita pode esconder um sarilho velho ou mina derruída, deixando ver a galeria abandonada, triste como fratura exposta.

Em Sabará foi assim:

> Os principais núcleos de povoação que, a partir de sua fundação em fins do século XVII, constituíram a vila Real de Nossa Senhora da Conceição do Sabará, foram: os dois arraiais velhos – antigo arraial do Borba – de Sant'Ana e de Santo Antônio da Mouraria – que tiveram, há muitíssimos anos, uma ponte a ligá-los, cada um com sua Igreja e Pároco; a Roça Grande, onde, em 1711, o Governador Antônio de Albuquerque Coelho de Carvalho dá carta de sesmaria à confraria de Santo Antônio do Bom Retiro da Matriz; de Roça Grande, de terras a ela doadas pelo tenente general Manuel de Borba Gato, como primeiro povoador e descobridor das minas do Rio das Velhas; o Arraial dos Porcos, no sítio onde muitos anos depois se instalou o Hospital dos Lázaros; o "da ponte grande", nas margens dos Rios das Velhas e Sabará; o do Kakende, no "Fogo Apagou"; da outra banda da ponte do Sabará, desta barra; o do Largo do Rosário, onde em 1713 o Senado da Câmara concedia foros à Igreja que já existia; o do Largo das Mamoneiras; o do "Morro da Barra", muito depois Morro da Intendência, onde existiam quartéis; o "arraial chamado do Capitão José de Souza Neto", que ficava na Lagoa "ao pé do morro", entre "a Estrada que vai para a Matriz", ao Norte e ao Sul com o Rio Sabará; os arraiais da Igreja Nova e da Igreja Velha; o "Arraial da Tapanhuacanga", onde se construiu em 1717 a Igreja de N. S. do Ó (Nossa Senhora da Expectação do Parto); "o sítio do córrego do Padre Marcos"; "da ponte do Sabará";

"o Arraial do Piolho"; o da Gaya, próximo à Ponte de João Velho Barreto; os arraiais da Esperança do Capitão Joseph Leite, Capitão Lucas Roiz Machado, do tenente Antônio Pereira de Macedo; o "arraial onde morou o faromengo", etc. Dos núcleos que formaram a cidade do Sabará propriamente dita, englobando os grupos esparsos de fogos que existiram desde os seus primórdios, dois se notabilizaram: a Barra e a Igreja Grande, este resultante da fusão dos arraiais da Igreja Velha e da Igreja Nova – que, por larguíssimos anos, tiveram vida inconfundível.

Todos, ou quase todos, e sempre os principais núcleos de povoação tiveram – porque esse traço nunca falhava ao modo de colonizar português – a sua Ermida, ou a sua Igreja provisórias, ou sua devoção com Irmandade, etc. Se o serviço de mineração progredia, Igrejas definitivas vinham subsistir as que se construíam de emergência; se não, as capelas ou Ermidas desapareciam, sem deixar vestígios nos locais onde existiram, tão precárias seriam suas construções, e sem que a tradição as pudesse conservar, tão efêmera a sua vida.

Alguns desses povoados tiveram mais de uma Igreja, e isso serve de índice à sua florescência; e, quando, apesar de florescente, só uma capela se lhes conhece, é quase certo poder-se *afirmar* que a esse templo precedeu um outro, porque só as capelas construídas nessa época – e isso no começo do século XVIII – vieram até nós.[15]

* * *

Sendo dadas as origens plebeias dos emboabas, nada mais natural que, sendo obrigados a ter casa no arraial, abrissem logo venda. As leis do reino determinavam a perda dos direitos de fidalguia aos que pegassem de vara para vender pano. O senhor de engenho ainda tinha certa repugnância pelo comércio. O plebeu enriquecido que era o senhor da mina – Nunes Viana ou Major Paulo – pouco se dava para isto: já era plebeu; que querem mais? Ainda para citar Itabira, temos que os principais magnatas da fase áurea, os principais fundadores da cidade, Major Paulo, João Francisco e Capitão Tomé, todos tinham uma casa na cidade, belos sobradões.

Toda aristocracia, como toda a forma de ser social, tem a sua principal força e expressão na casa, não fosse a construtividade um dos instintos primários do homem e do animal, da série isolada pela observação arguta de McDougall.[26] A existência de uma aristocracia, de uma classe dirigente, caracteriza-se, pois, pela construção de residências senhoriais, de belo aspecto e a custosa fábrica e que revelam o poder e a riqueza do senhor, assim como o tipo de sociedade. Temos, por exemplo, o castelo forte dos barões medievais, sozinhos no meio do campo e rodeados de fortificações, mostrando que o seu habitante era um guerreiro e homem do campo. Os patrícios de Florença, Gênova, Veneza, homens de negócio, pacíficos, membros de uma comunidade que os defendia, assim como a todos os cidadãos, moravam em belos palácios, "intramuros", no luxo e na arte, revelando os gostos pacíficos. Os castelos do Loire, as residências versalhescas revelam a situação do lugar de descanso; as quintas portuguesas são agrícolas.

No tocante ao Brasil, nada melhor que comparar as casas grandes dos engenhos com os sobradões mineiros. São radicalmente diversos. Estão distantes como o castelo de Coucy e o Palazzo Visconti. Se compararmos, entretanto, os sobradões mineiros com os tipos de casa estudados pelo Sr. Gilberto Freyre em *Sobrados e mocambos*, verificamos logo semelhanças: vida urbana com todas as suas consequências.

Onde quer que o estudemos, podemos ver no sobrado mineiro constantes características essenciais. Inicialmente, as longas calçadas de pedras, blocos talhados sobrepostos formando ciclópica escada, que em algumas cidades chamam-se "pedreiras". Depois, a porta principal, às vezes lavrada em almofadas. Esta porta dá entrada para um pequeno *hall* onde escada em pedra ou madeira, artística ou simples, leva ao andar superior. Geralmente, esta porta de entrada não está no meio da fachada; abre-se a uma das extremidades, sendo seguida de uma série de outras, mais ou menos iguais: a loja do fidalgo – mercador. No

---

[26] N.E.: William McDougall (1871-1938), psicólogo inglês, estudou medicina no *St. Thomas Hospital,* em Londres, com especialidade em fisiologia e neurologia. Foi premiado por sua pesquisa sobre contrações musculares. Tornou-se *lecturer* da *University College*, em Londres, cofundou a *British Psychological Society*, onde publicou seus primeiros livros e trabalhou em testes psicotécnicos e eugenias. Em 1920, nos Estados Unidos, tornou-se professor na Universidade de Harvard e na Universidade Duke. Sua obra compreendeu, entre outros, *An Introduction to Social Psychology* (1908), *Physiological Psychology* (1905), *Body and Mind – A History and Defense of Animism* (1911) e *Psychology, the Study of Behaviour* (1912).

andar superior, dando para a rua, o grande salão, às vezes em janelas enfileiradas, muitas vezes com amplas sacadas debruçadas para a rua, nas quais as belas colchas de damasco são estendidas em dia de procissão. O telhado termina à chinesa, em amplos beirais, as águas pluviais recolhidas em calhas, que as atiram por intermédio das "goteiras" – gárgulas simplicíssimas – até o meio da rua. Nas grandes chuvas, as torrentes despejadas das goteiras cruzam-se no ar, atravessando a rua. Como é doce a música das águas do céu nas pedras sonoras de uma cidade velha, nas frias noites de invernada!... Não são raras as janelas em gelosias árabes, principalmente nas esquinas: defesa dos quartos de dormir, nessas circunstâncias obrigados a darem para a via pública. O telhado, em forma de pirâmide, termina artisticamente com figura de aves, geralmente pombos, obra do bom gosto do pedreiro. Não muito raros aparecem os mirantes (como a Casa dos Contos, por exemplo). São muito comuns os pátios internos, rodeados de varanda, à moda árabe. Geralmente, uma fonte canta no meio do tranquilo silêncio que habita o gineceu. Depois temos a cozinha grande e arejada, da qual é ponto central o enorme fogão em pedra-sabão ou tijolos, em forma de *bureau*, as panelas descansando para a cocção em cima de chapas de ferro, muitas vezes mineiras de origem. Há casos de cozinha situada em galpão separado. O forno é quase sempre no terreiro, em forma de casa de joão-de-barro (é comum fazerem-no do lado de fora com a boca dentro da casa). Ao contrário das fazendas, a varanda aberta aos ventos fica no fundo: térrea se a casa dá o fundo para a montanha, vertiginosamente alta se é a frente que dá para a rua e o fundo para o rio (são as famosas cidades com avesso e direito). Pela colina abaixo (ou acima) vai o quintal com longa fila de jabuticabeiras, laranjeiras e cerrados bananais. Há cercados para a horta, outros para as galinhas. Geralmente há fontes naturais nos quintais.

Da contribuição mineira para a cozinha temos as belas panelas de pedra-sabão, "curtidas", com torresmo, passando, então, da cinza ao negro, e o uso da carne de porco, do feijão (o tutu famoso com linguiça), o caruru, a couve, o ora-pro-nóbis. Em matéria de bebidas, o mineiro sempre teve duas paixões: o café, tradicionalmente oferecido às visitas, e a cachaça. Interessante é verificar que, se por um lado, a aguardente de cana é subestimada socialmente (não é muito respeitável o seu uso), os seus "fãs" atribuem-lhe extraordinárias virtudes, desde o servir de refrigerante até a de fornecer de combustível interno. O estilo da cozinha mineira revela-se, principalmente, no complexo do milho. Desde o milho verde, comido ou assado, ou feito em mingau, ao fubá (angu, mingau, bolo, cobu, etc.), o milho comparece vitorioso, em todas as refeições, dominando a nativa mandioca. O mineiro nunca usou pão da "farinha de pau", o pão da terra dos primeiros séculos da colonização: sempre preferiu o angu, os sólidos bolos de fubá e o cobu enrolado em folha de bananeira. Para misturar ao feijão usou sempre a farinha de milho (o milho molhado socado ao monjolo e depois torrado), o angu, a farinha de moinho (fubá torrado). As classes pobres sempre usaram a "canjiquinha", subproduto de despolpação do milho, com muito êxito para substituir o arroz. O leite com farinha (de milho ou de moinho) à noite é ceia apreciada. Há, neste setor aqui, o "café com farinha de milho e queijo", violenta ceia. Além disso, ainda temos a canjica deliciosa, hoje novamente em voga, as pipocas e, como refrigerante, o aluá, fubá com água e rapadura que, fermentado, tem propriedades alcoólicas e bebida que os negros tomavam nos caxambus, nos intervalos das danças (há um aluá de cascas de abacaxi, espécie de cerveja). Estes variados usos do milho mostram o caráter compósito da cozinha mineira, mesmo aceitando a primazia africana.

As cozinheiras são enormes negras de quadris redondos, turbante colorido e camisas de cabeção (isto é universal: a "banqueteira" de Minas, a baiana e as cozinheiras da casa-grande de engenho são rigorosamente iguais).

Além do milho temos a carne de porco. Impossível a criação do gado vacum dentro da cidade. O suíno, em compensação, é urbano. Todos podem ter (a despeito das posturas municipais) o seu chiqueiro no quintal. A comida mineira é feita com toucinho, geralmente derretido na hora, produzindo-se, então, os magníficos "torresmos", deliciosos quando comidos com farinha. Nos grandes banquetes, domina o universal leitão assado na grelha, o lombo de porco com rodelas de limão e a linguiça, esta geralmente "coroando" as monumentais travessas de tutus de feijão (sem o qual não há banquete de aniversário, casamento, batizado, jejum de Sexta-Feira Santa, Natal). A geleia de mocotó é doce preferido. Afinal, do porco tudo se aproveita. E, como o clima é frio, as consequências não são desagradáveis.

Subproduto do milho e da carne, há a "paçoca", carne e farinha misturadas e socadas ao pilão, dando uma ótima farofa, muito usada nas grandes viagens.

O pilão – espécie de gral gigantesco, escavado no tronco de árvores – e a gamela, bacia de madeira escavada, ambos mais ou menos africanos, são dois utensílios importantes na cozinha mineira.

Não devemos deixar de lembrar que a cozinha era um lugar importante. O que há talvez de mais digno de nota na cozinha mineira, isto desde que as fazendas rodearam as vilas logo após as carestias dos primeiros tempos, é a sua fartura. O mineiro nunca se preocupou muito com refinamentos e complicações. Mas, nos grandes dias queria assentar-se com a família e os amigos em torno das grandes mesas, às vezes com três metros de comprimento, mesas algo rústicas, mas sólidas. O chefe, na extremidade, ocupa uma cadeira de braços, nem sempre muito simples; a família, esta se espalha pelos bancos enormes, que têm a vantagem de caber um número indefinido de pessoas: ficamos um pouco mais apertados nos dias de festas. A toalha é alvíssima e não são desconhecidas as baixelas de porcelana japonesa autêntica e os objetos de prata que ainda hoje fazem a fortuna dos comerciantes de antiguidades que sobem a serra e saqueiam serenamente os remanescentes dos grandes *clãs*. Quanto ao *menu*, este brilha pelo peso, pela quantidade: tutu de feijão com linguiça, leitão assado, pernil de porco assado, goiabada com queijo, cobu de fubá e mais uma infinidade de pratos, todos tendo por sinal comum o serem maciços e fortes. O mineiro exige a "sustância", quer comida substancial e pouco liga para refinamentos complicados. Aprecia, porém, os jantares demorados e as sobremesas alegres... Temos a impressão (e Gilberto Freyre e Caio Prado Júnior pensam igualmente assim) que o mineiro, tanto na Colônia como no Império, passada a série de crises dos primeiros tempos de mineração, alimentava-se bem e melhor do que a maioria dos brasileiros, ao menos quanto ao peso e valor nutritivo.

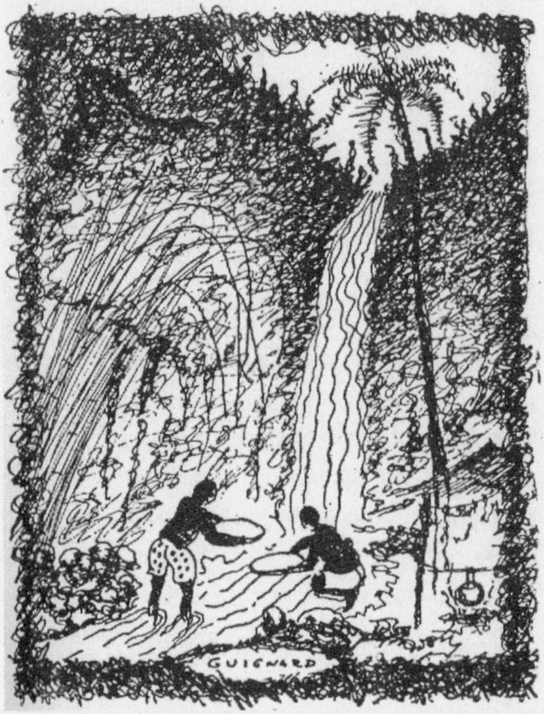
GUIGNARD

CAPÍTULO IV

Das "datas" aos arraiais

A cidade mineira não tem largura nem altura, só tem comprimento. Parece um caminho; é uma passagem. Geralmente cobre o morro como se fosse um curso d'água. Quem atravessa uma cidade mineira pensa estar seguindo o leito seco de um rio: as mesmas altas paredes, o mesmo traçado sinuoso, o mesmo solo abaulado... Parece que o seu construtor olhara antes o curso das águas pluviais e fizera a rua no encalço da chuva. Inicialmente não houve o construtor; mas, inconscientemente, foi o que se fez.

São várias as formas e os núcleos originais da cidade em todo o mundo. Há aquelas que começam em torno das altas acrópoles, e aquelas que rodeiam os castelos; umas nascem nos portos, outras no cruzamento das estradas, existem as que surgiram de uma ponte, outras de uma igreja. A cidade mineira nasceu nos pontos de confluência das águas, nas bacias de recolhimento da chuva. Isso para dizer que a cidade mineira começou de uma forma qualquer, para ter o que dizer. É um aglomerado. O ouro de Minas é originado pelo aluvião. Tiram-no das areias do fundo dos rios, areias que se acumulam nos colos do vale, nos fundos de bacias formados pelas confluências. A esses colos vão ter as águas das chuvas e as dos rios. Há sempre um remanso. E ouro em abundância, vindo da montanha próxima. Nesse lugar se fixam os mineiros. Ali plantam a capela. Mas, como a tendência do ouro de aluvião é desaparecer logo, ninguém acredita no futuro. E ao conjunto de cabanas de pau que rodeiam as datas dão o nome de arraiais, isto é, acampamentos. Sendo também que o fundador sempre é um bandeirante, isto é, um nômade. Por isso apenas acampa. Mas, se o ouro foge das baterias, por que não o procurar no fundo da terra, onde mora a "mãe do ouro"? A lavra, e depois a mina, enraíza definitivamente o homem. Acontece às vezes que esses núcleos são próximos uns dos outros. E há a junção dos arraiais numa cidade; a multiplicidade das igrejas e o ar de estrada da rua "direita" relembrando a origem plural da vida. E, por exemplo, a rivalidade até hoje existente entre Antônio Dias e Ouro Preto, um exemplo desse fato. Ainda hoje, apesar de unidos, os dois arraiais irmãos são inimigos. Ver o que se escreveu antes sobre Sabará.

O Sr. Miran Latiff, no seu livro por todos os modos valioso sobre *As Minas Gerais*, assinala muito bem o caráter naturalmente urbano da vida mineira, quando diz:

> [...] se nos canaviais do Norte os núcleos de população se formam em torno ao patriarca, nas minas assumem um caráter coletivo. Nas minas já existe um agrupamento anônimo: o arraial. Por pequenos que sejam os lugarejos, as construções, mesmo quando muito modestas, mantêm-se sempre rigorosamente citadinas, sem um jardim, sem uma árvore, sem um alpendre. Sente-se que aos mestres de obras foi expressamente encomendada uma verdadeira casa de cidade.[16]

E também porque o morador, emboaba e citadino, nada mais queria que continuar a ser burguês. Aliás, a coisa vinha desde as "datas", desde o tempo da faiscagem no rio. Rickard, em sua extensa obra sobre o *Homem e os metais*, cujo inegável valor é sombreado pela falta de referência à epopeia brasileira das Bandeiras, distingue dois processos de resolver a questão da distribuição do trabalho nos rios auríferos.[17]

> No início, o minerador trabalhava por sua conta, mas em breve achou mais cômodo ter um parceiro, não apenas para evitar ficar só, mas porque o homem solitário não era garantia de bom rendimento, do ponto de vista econômico: habitualmente, um dos parceiros pega o cascalho com a pá, enquanto o outro vai lavá-lo na bacia... Ele criava-se em associações mais relevantes e mais duradouras; além disso, grupos de choças apareciam nos flancos das montanhas, entre os pinheiros... O território da Califórnia – comprado recentemente ao México – estava sob a autoridade militar

do coronel Richard B. Mason que julgava mais sensato, dizia ele, não intervir, mas deixar todo o mundo trabalhar livremente nas jazidas de ouro. A mesma opinião oficial é compartilhada por seu sucessor, o general Persifor F. Smith que, um ano depois, declarou que as minas encontravam-se em terreno público, pertencente ao Governo; aliás, os cidadãos dos Estados Unidos não tinham desejo de criar dificuldades aos mineradores por causa das vantagens auferidas do precioso metal pelo comércio em geral...

O general que comandava a divisão do Pacífico observa, em 1849:

> Não me parece que seja desejável explorar as minas em benefício do Tesouro Público; para isso, seria necessário mobilizar um exército de funcionários e de agentes subalternos, todos com uma boa retribuição, já que viveriam sujeitos a tentações de tal modo intensas que seriam irresistíveis para uma natureza humana dotada de uma energia média. A população inteira opor-se-ia às tropas governamentais e violentos confrontos levariam provavelmente a cenas sangrentas... Se o Governo obtém uma renda suficiente para defender as leis votadas a esse respeito, eis aí tudo o que ele pode esperar. O país inteiro conseguirá uma vantagem direta da abertura das minas e o lucro indireto do Tesouro, em decorrência do crescimento do comércio, irá compensar amplamente, em minha opinião, as despesas que ele tiver de fazer. [Tradução do editor]

E continua Rickard mostrando como os *goldiggers* da Califórnia organizaram-se por si mesmos para a exploração:

> A licença, que era uma convenção tácita, vinha do primeiro concessionário e bastava continuar a exploração para conservar seus direitos à propriedade. Esse simples código havia sido instituído por consentimento mútuo em reunião dos mineradores e por sua comum vontade de empregar a força para ajudar o colega que, porventura, viesse a ser espoliado da propriedade em relação à concessão. As dimensões que ela podia ter, entre trinta e cem pés quadrados, eram estabelecidas da mesma maneira, com modificações segundo o tipo das jazidas porque algumas exigiam um espaço muito maior... Cada homem tinha o direito de dar sua opinião, cada indivíduo tinha um valor semelhante ao do colega e a comunidade rudimentar aceitava a decisão dos grupos como definitiva. Depois de ter visitado as minas, em 1849, Bayard Taylor, observador digno de confiança, afirma o seguinte: Nos grandes distritos mineradores, explorados há

algum tempo, existiam regulamentos que eram cumpridos religiosamente. Seus alcaides eram magistrados eleitos que julgavam todos os aspectos de direito, relativamente às espoliações de propriedade; além disso, eles tinham o poder de reunir um júri para os processos dos criminosos. Ao ser descoberta uma nova jazida aurífera, a primeira coisa a fazer consistia em nomear funcionários e garantir a ordem. Assim, em um distrito de 500 milhas, habitado por 100.000 pessoas sem estarem submetidas a um governo, nem a uma lei regular, tampouco a uma proteção civil ou militar, que possuíam frequentemente uma riqueza suficiente para servir de tentação a pessoas perversas ou depravadas, a segurança era mais importante do que em qualquer parte da União e aí não eram cometidos crimes em maior número. Eis a ilustração magistral – ainda não superada em outro lugar – da capacidade de um povo para se governar a si mesmo. [Tradução do editor]

Ressaltamos essas feições espontaneamente democráticas da vida dos mineradores da Califórnia, cujos detalhes são consideravelmente bem mais conhecidos por nós, pois, ao contrário da documentação de caráter oficial que possuímos dos tempos da Colônia, existem muitas descrições diretas de contemporâneos. Diz ainda o nosso autor:

> Todavia, durante cerca de dois anos, de 1848 a 1850, a vida dos mineradores exibiu efetivamente aspectos ideais no que dizia respeito, entre outros pontos, ao governo democrático, ao trabalho metódico e à franca camaradagem. A organização social desses campos de mineradores no sopé da Sierra Nevada, durante os primeiros dois anos da era dourada, constitui o que, em toda a história, se encontra mais próximo da verdadeira democracia. [Tradução do editor]

Em compensação, se na Califórnia o governo americano deixou os mineiros à vontade e tudo correu bem, na Austrália houve intervenção do governo e tudo foi mal. É claro que havia as suas diferenças: cidadãos americanos descobrem ouro numa parte deserta do país; os súditos ingleses procuram ouro numa colônia. As diferenças ente a situação jurídica dos homens e dos territórios, por si, justificavam o tratamento diferente. Rickard faz os seguintes comentários:[18]

> O governo australiano ficou realmente em apuros diante do estado de exaltação causado pela descoberta do ouro, assim como da afluência dos imigrantes... O attorney geral da Austrália apressou-se

em estabelecer os direitos da Coroa sobre o metal precioso; mas tal asserção das prerrogativas régias, vestígio da Idade Média, era feita sem convicção porque havia 16.000 milhas de oceano entre a sede do governo e os homens decididos que garimpavam pessoalmente o ouro. [Tradução do editor]

Tentou-se adotar em pleno século XIX o sistema clássico: porcentagem para o governo ou taxa fixa. Tudo fracassou; não faltaram os motivos: "*Charles Latrobe, o primeiro governador da colônia de Victoria, estabelece o mesmo sistema de licença. Havia tal multidão amontoada na região mineradora que ele teve dificuldade para controlar a atividade das pessoas que não tinham licença; a truculência dos funcionários suscitou, aliás, tentativas de revolta*" (este último detalhe está sob medida). A história da exploração do ouro australiano é a narração de uma série de lutas entre o governo britânico e os faiscadores. Posteriormente, foram organizadas grandes empresas capitalistas que se encarregaram de fazer a exploração. O estudo do que aconteceu na Califórnia e na Austrália revela-nos o que houve aqui. O caso da Califórnia mostra-nos o caráter democrático das datas; os acontecimentos australianos, as lutas entre o governo da Metrópole e os mineradores explicam-nos os diversos motivos dos choques surgidos em torno das Casas de Fundição e do imposto do quinto.

Em Minas, aparentemente dominou o sistema inglês, usado na Austrália, de fiscalização oficial e cobrança dos quintos reais. Mas há um ponto a esclarecer: apesar de haver repartição competente para distribuição das datas, está a ver-se que a coisa correu *a la diable*, cada um resolvendo de *per se*, ou melhor, havendo a solução americana: mútuo respeito. Como hoje: ninguém concede a data. Mas esta é de quem a descobre e explora. E ninguém se intromete. Nasceu da necessidade de cada um respeitar o trecho do rio que é do outro. O "senso grave da ordem", o respeito à propriedade e ao direito, próprio de uma terra que ia ser fértil em jurisconsultos da melhor água.

Eduardo Frieiro, na bem-sucedida tentativa de reconstituição da sociedade colonial que é o seu *Mameluco Boaventura*,[27] mais história que ficção e trabalho bem cimentado na pesquisa, faz iniciar a narrativa numa

---

[27] N.E.: FRIEIRO, Eduardo. *Mameluco Boaventura*. Belo Horizonte: Pindorama, 1929.

venda. Ainda hoje encontramos dessas vendas de estradas geralmente junto às pontes e nas grandes encruzilhadas dos caminhos e em torno às quais vão surgindo mais casas. O engenho do Norte tinha armazéns para enfrentar os maus dias. A capela é uma dependência da casa-grande. Nas minas a igreja é produto do trabalho comum: a capelinha de pau a pique foi construída pelos garimpeiros nas horas vagas, todos ajudando. Os belos templos recamados de ouro e com obras de arte dos grandes nomes são de origem coletiva, também. Foram feitas pelas irmandades. Além da Igreja, de comum, temos a venda. À febre do ouro, a imprevidente aventura dos primeiros dias da faiscagem quando somente se pensava em catar pepitas no seio das águas, sucederam-se anos terríveis de carestia tremenda. Daí a necessidade de tratarem da provisão do alimento e da roupa, para não caírem novamente na triste situação do rei lendário, que, nadando em ouro, morria de fome, pois os frutos de sua mesa eram imprestáveis por metamorfoseados em ouro. Afinal, ouro é um meio e não um em si. Então, aparecia o nunca desmentido senso comercial dos lusos: o amor, comércio e religião, eis as coordenadas do português médio e que lhes permitiriam levar a civilização a todos os quatro cantos do mundo e plantá-la com sólidas raízes em algumas partes. O segredo da vitória portuguesa está nisto: onde encontrar fregueses, negociar com eles (na epopeia das descobertas houve mais vitórias de Mercúrio que de Marte); onde houver mulheres, amá-las; onde houver gentios, convertê-los. Consequência: reduzir os povos descobertos à categoria de portugueses. Conquistar sem parecer que é este o objetivo. Ou melhor, não conquistar: transformar. Já nos tempos coloniais queixava-se o Marquês de Lavradio[28] do afã comercial português. E ao lado da igreja, no centro das lavras, apareceu a venda portuguesa, onde, naturalmente, havia de tudo. Às vezes acontecia que

---

[28] N.E.: Dom Luís de Almeida Portugal (1729-1790), o segundo Marquês do Lavradio, governou a capitania da Bahia (1768-1769) e assumiu o vice-reinado do Brasil no Rio de Janeiro (o quarto vice-rei), entre 1769 e 1779. Ilustrado, Lavradio criou e protegeu a *Academia das Ciências e da História Natural do Rio de Janeiro* (1772), que realizou pesquisas em ciências naturais, visando estimular produções econômicas, especialmente agrícolas, para o comércio colonial. De sua autoria é o famoso Relatório do Marquês de Lavradio, que passou ao seu sucessor, Luís de Vasconcelos e Souza, publicado na *Revista do Instituto Histórico e Geográfico Brasileiro*, t. 4, 1863.

era algum próspero mineiro o dono da venda. Os sobradões tinham "cômodos de negócio"; as lojas térreas, constituídas por uma carreira de portas. Mais tarde, o vendeiro tornou-se contratador e arrematador de impostos. Contrariamente com o que se dava com os feudais senhores de engenho, não havia aqui preconceitos anticomerciais.

Mas foi rápida a fase dos faiscadores trabalhando eles próprios nas águas frias dos rios lado a lado, democraticamente. Pouco tempo depois estavam subindo o morro à cata da "mãe do ouro", a dourada figura de mulher que se achava no local donde saía o ouro e era a protetora dos mineradores felizes. Veio a fase das lavras a céu aberto e depois a das minas. E apareceram tristes "comboios", vindos do Rio ou da Bahia e trazendo manadas enormes de africanos. A igualdade individual das datas permaneceu, transformando-se: não eram indivíduos iguais e sim empresas iguais.

E, se já havia a coletividade dos senhores brancos, surgia a muito mais numerosa, dos pretos. Em outro lugar estudaremos a função social da irmandade, principalmente no que se refere à civilização do africano. Surpreendente e inesperada expressão do dom de línguas, da ecumenicidade da Igreja. "O espírito de Deus sopra onde quer". E nesse setor teremos que ver a figura por todos os lados muito interessante do Chico Rei.

Enquanto não foram organizadas as irmandades, os pretos se organizaram por si, naturalmente dentro dos quadros "nacionais" seus, reconstituindo nas suas folganças os restos perdidos de suas tribos esfaceladas pela desgraça (não são poucos os casos de rebeliões negras que falharam pela denúncia de elementos naturais das tribos inimigas). Apesar de toda catequese, por ser o número e a sua "ingenuidade", os pretos resistiam a todas as tentativas de civilização, conservando os africanos o que havia de natural em sua cultura. Até os fins do século passado eram comuns, nas tardes de sábado, as reuniões dos negros para dançarem "caxambu" e tomarem "aluá". A contiguidade fez dos negros um outro elemento de urbanização. Já havia a multidão. A esse respeito nada melhor que um ótimo documento contemporâneo: as *Cartas Chilenas*.[29]

---

[29] N.E.: As severas críticas à administração portuguesa, na Capitania de Minas Gerais, através das ações do governador Luís da Cunha Menezes (entre 1783 e 1788), denominado de "Fanfarrão Minésio", encontram-se em um poema satírico-político,

Assim Critilo narra ao amigo um capítulo do programa de festas, a propósito de casamentos régios, capítulo que nos instrui muito sobre diversões coloniais (o que vai aqui o narra o testemunho de vista):

> Nas margens Doroteu, do sujo corgo
> Que banha da cidade a longa fralda,
> Há uma curta praia, toda cheia
> De já lavados seixos. Neste sítio
> Um formoso passeio se prepara:
> Ordena o sábio chefe que se cortam
> De verdes laranjeiras, muitos ramos,
> E manda que se enterrem nesta praia,
> Fingindo largas ruas – Cada tronco
> Tem, debaixo das folhas, uma tábua.
> Sem lavor, nem pintura, que sustenta
> Doze tigelas do grosseiro barro.
> No meio do passeio estão abertas
> Duas pequenas covas, pouco fundas,
> Que lagos se apelidam. Sobre as bordas
> Ardem mil tigelinhas e o azeite
> Que corre, Doroteu, dos covos cacos,
> Nada é mais do que são as sujas águas,
> Que nem os fundos cobrem destes tanques.
> A tão formoso sítio tudo acode.
> Ou sejam de um ou seja de outro sexo,
> Ou seja de uma outra classe.
> Aqui lascivo amante, sem rebuço
> À torpe concubina oferta o braço;
> Ali mancebo ousado assiste e fala
> À simples filha, que seus pais recatam;
> À ligeira mulata, em trajes de homem,
> Dança o quente lundu e o vil batuque,
>
> E, aos cantos do passeio, inda se fazem,
>
> Ações mais feias que a modéstia oculta.
> Meu caro Doroteu, meu doce amigo
> Se queres que este sítio te compare,
>
> ...

Cartas Chilenas, traçadas por Critilo (personagem que encarnaria o autor, o Ouvidor de Vila Rica, Tomás Antonio Gonzaga) e destinadas ao amigo, Doroteu.

> Se queres, finalmente, que o compare
> A lugar mais humilde, em tom jocoso,
> Aqui, amigo tens esse afamado
> Quilombo em que viveu o pai Ambrósio.(19)

As referências ao lundu e ao batuque, aos amores esquivos e a comparação final ao quilombo,[30] ao famoso quilombo do Ambrósio, mostra que nessa festa nada mais se fez que render culto à "Vênus fusca", de que era um dos adoradores o Fanfarrão Minésio, como se pode verificar de outro trecho das *Cartas Chilenas* (carta IIIa., versos 95 em diante) e que será transcrito noutro local.

Havia, portanto, a "sociedade" dos brancos e a "massa" dos pretos.

O Sr. Miran Latiff parece dar muita importância às casas junto das lavras, distante dos arraiais.(20) Quero crer que isso foi um estágio relativamente passageiro. Quando se formaram as povoações, essas casas foram abandonadas. Hoje é fácil acharem-se minas junto de minas velhas. A descrição de Latiff é exata; mas deve ser retificada neste ponto. Utilizando-me de fatos observados em Itabira, onde me foi possível fazer pesquisas mais minuciosas – cheguei à conclusão de que – como disse – os mineiros moraram inicialmente ao lado das lavras, abandonando-as após. Assim, há no início da estrada para a serra, já no fim de Campestre, um grande casarão, visivelmente antigo e cujos muros de enormes adobes de terra vermelha "pelo sangue dos escravos" mostram-nos a sua antiguidade. Mais acima, já no seio da montanha, encontrei vestígios diversos de habitação ao lado de uma grande mina abandonada, que deve ter sido das principais em outros tempos. Essa mina, situada no fundo do último vale, está rodeada de um número bem grande de ruínas de trabalhos de lavras: regos de pedras, muros, torres, etc. Próximo à sua entrada, no meio de pequeno

---

[30] N.E.: Vocábulo de origem banto (*kilombo*), que significa acampamento ou fortaleza. O termo foi utilizado pelos portugueses para nomear as povoações construídas pelos escravos fugidos do cativeiro. O quilombo do Ambrósio (também conhecido por Tengo-Tengo), nas áreas correspondentes aos atuais municípios de São Gotardo e Ibiá, foi um dos mais famosos das Minas, em meados do século XVIII. Com liderança atribuída ao negro Ambrósio, essas comunidades negras (e de mestiços) não foram exterminadas, apesar da repressão, estimulando a formação de outros quilombos, como o do Campo Grande, também resistente às pressões e cercos militares.

bosque de pitangueiras, encontrei esteios velhos, restos de alicerces, bananeiras, laranjeiras e alguns pés de café. No outro lado da serra, na estrada que vai para o *Girau*, no local denominado "sarilho velho" há os vestígios da "Casa branca da Serra", enorme casarão assim chamado não sei por que (o interesse dessas observações em Itabira está em que, ali, até muito pouco tempo, as encostas da montanha estavam mais ou menos no estado primitivo. Pouco ou nada fizera o homem desde o fim do ouro).

Inegavelmente permaneceram casos de mineiros morando fora: em Itabira temos o *Girau*, com fábrica de ferro, onde morava o Major Paulo, que tinha casa e era comerciante na cidade. Ou então João Francisco, que tinha minas e casa na serra da Conceição, apesar de morar, também, na cidade.

Mas acabaram todos os mineradores morando no fundo do vale, junto dos córregos onde começou o ouro. Ali surgiram as vendas e as capelas, estas, muitas vezes, no alto do morro.

Foi o seguinte o processo de formação da cidade mineira. Ao sopé da grande serra, no ponto de confluência dos vales, a montanha se desfazendo em leque, ou melhor, como os dedos da mão aberta, surgiram as primeiras explorações. Em cada um desses vales, alguns aparentemente muito distantes dos outros, formaram-se cortando a serra em nervuras convergentes, que ao chegar ao fundo produzem uma várzea. E em cada uma destas nasceu, no arraial, capela e venda. Por que as "ruas direitas" são tortas? Porque são obrigadas a contornar a montanha que separa um arraial do outro. Isso é visível de um modo escandaloso em Ouro Preto, com a muralha da Praça Tiradentes, com o Palácio, a Cadeia e a Igreja separando Antônio Dias de Ouro Preto. E daí a multiplicidade, os bairros sendo apenas transformações de arraiais autônomos, nascidos cristãos. Cada bairro tinha que ter grandes templos, evolução das capelinhas de taipa. Multiplicidade geográfica, pois, somada à multiplicidade social: as igrejas construídas pelas diferentes irmandades.

Assim como Roma nasceu da união das várias cidades existentes nas sete colinas, as cidades mineiras nasceram da reunião dos arraiais situados nos vales onde se ajuntava o ouro de aluvião.

Daí o fato de terem quase sempre os bairros com nomes dos rios ou qualquer alusão ao fato de terem nascido à beira d'água: Antônio Dias e Ouro Preto, Kakende, Sabará, Água Santa e Cascalho (este o nome de um bairro construído sobre uma grande colina de cascalho revolvido) e muitos outros mais que seria ocioso enumerar e que podemos verificar *in loco*. O caso da Vila Rica tem ainda o interesse de, ao surgir o estado, ter-se estabelecido a cavaleiro dos dois arraiais inimigos, como a dizer que a vitória não é de emboabas nem de paulistas; mas del-rei, nosso senhor. Porque havia, além de tudo e para complicar mais a coisa, o fato de ser cada bairro povoado por gente de origem estranha e, não raro, hostil.[21]

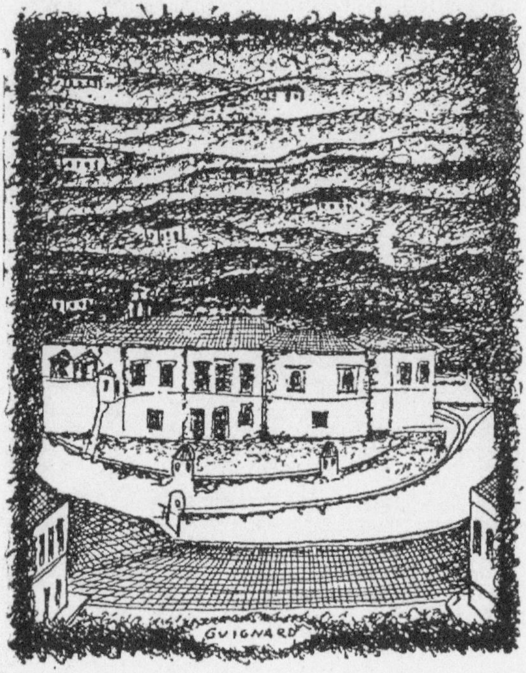
GUIGNARD

CAPÍTULO V

Onde o Estado aparece

O homem rural brasileiro, exceção feita das partes penetradas pela civilização estrangeira (zona colonial do Sul e São Paulo), é praticamente até hoje nascido e criado à margem do estado. Sabe-se que há o "governo", os impostos, a polícia, o júri e as eleições. Pouco mais se sabe do estado que essas imposições do poder. Se isso é assim, hoje, imaginemos o que não teria sido durante a Colônia...

O senhor dos latifúndios, como o seu análogo, o barão feudal, era um estado dentro do estado (ou à margem do estado), praticava a alta, a baixa e a média justiça e tinha exércitos próprios. Ora, isso não se deu nas Minas. Muito cedo na nossa história, os mineiros ficaram conhecendo o valor do poder, que exerceu as funções de caldeador e de catalisador da vida social mineira. E em seu subconsciente coletivo os mineiros não se esqueceram até hoje dos canhões do Sr. Conde de Assumar.

Um acampamento de garimpeiros não é o que se pode chamar um ambiente de alto requinte social. É claro que, devido às necessidades da própria convivência humana, foram então estabelecidas regras de conduta coletiva, direito em forma costumeira e em estado nascente. Um garimpeiro, um faiscador, não trabalha na lavra de outro, não furta o trabalho do seu companheiro. Não é por nada, não. Apenas porque a vítima o matará e ninguém tomará a defesa. É claro que sempre aparecem mulheres, o que dá asa a mil complicações: são poucas as brancas e não muito honestas. Não em Minas Gerais, onde naturalmente havia muita mulher de cor, o que não criava maiores problemas: ninguém daria pancada por causa de negra ou índia. Mas, no arraial onde aparecesse branca (se é que isso se dava), haveria confusão. Além disso, não faltava a mulata, o que teria trazido algum desassossego.

Afinal, se não era um paraíso, veio complicação de fora: não é que el-rei acha dever mandar cobrar os seus "reais quintos", muito justos em última análise (pois a velha teoria do subsolo pertencer ao estado é inegavelmente de uma grande sabedoria)? Como não poderia deixar de acontecer, os mineiros não gostaram.

Esse problema do estabelecimento das casas de fundição para a cobrança do quinto devido ao el-rei foi uma das maiores fontes de agitação da Colônia (Felipe dos Santos, Tiradentes, motins de Pitangui, etc.). A tal ponto que teríamos tentação de dizer que foi o imposto do quinto o verdadeiro herói da história mineira. E, para resolver o problema da cobrança do imposto do quinto, caiu sobre as Minas um bando alvoroçado de burocratas terríveis os quais encheram de fantasmas tétricos os sonos do povo mineiro. As necessidades da fiscalização, a vida urbana e a concentração dos habitantes das Minas numa área relativamente pequena (do alto de qualquer montanha avistamos sempre uma boa dúzia de povoados e cidades) puseram sempre o mineiro ao alcance da força do estado. Além disso, a urbanização fez nascer o município e temos o nosso "*homo* aurífero" colaborando com o governo.

Feita a conquista militar pelo Conde de Assumar, procedeu-se ao estabelecimento da administração. Os efeitos desta presença real constante do poder do estado, principalmente depois de uma guerra, não poderiam deixar de ser aqueles apontados por ilustre pensador moderno, Ortega y Gasset, que, comentando as doutrinas de M. Scheler sobre as relações entre a guerra e o poder, faz as seguintes considerações, que se aplicam muito bem à ação do estado e da guerra do Conde de Assumar para a formação da sociedade mineira:

> *Asi como el nascimiento funda para la persona los llamados derechos individuales, la guerra ortoga al Estado derechos adecuados a su "potencia". En que consiste esta potencia? No consiste, por lo pronto, e numa capacidade intelectual, artistica, industrial, etc. Nada de esto constituye la "potencia" especificamente del Estado. Es más bien uma peculiar energia de colusion entre los que forman parte de um pueblo, y, a las demás colectividade*

> *nacionales. Es, pues, directa e exclusivamente, voluntad de soberania hacia adentro, que elimina la laxitud de la vida social e impide la falta de sumissiõn de los grupos e indivíduos a la sociedad nacional"... Para Scheler, por tanto, el Estado es um voluntad de dominacion unitária que nada tiene que ver com los deseos de convivencia, fundados em lazos de sangre, idioma, etc. Al contrario, la voluntad Estado ejerce su mas genuina mission cuando se impone a la tendencia repulsiva de vozes diversas, obligandols a convivir e a colaborar en una vida superior integral.*[22]

Assim, emboabas e paulistas (estes já transformados naqueles pela mistura de raças e pelo viver sedentário e trabalho agrícola) passaram a residir lado a lado, em paz e em ordem, vigiados pelas seteiras dos torreões do pesado e terrífico Palácio dos Generais, situado muito justamente de atalaia entre os dois bandos adversos.

Além das atribuições normais do governo em todos os tempos e lugares, havia o quinto, o terrífico imposto do quinto. Para evitar o extravio do ouro e das pedras, o governo da Capitania possuía um verdadeiro "ministério do quinto". Isso além dos outros serviços e impostos normais.

Havia, por exemplo, as casas de fundição, onde era fundido o ouro em barras, depois de descontar os 20% del-rei. Não era pequeno o número de funcionários destas casas de fundição. Na de Vila Rica havia até gente de alto bordo, como o seu superintendente Eugênio Freire de Andrada, contabilista do real valor e do qual há inúmeras referências elogiosas saídas da pena de muito governadores, João Gomes Batista, abridor de cunhos, discípulo de Vieira Lusitano e de Mengin, gravador de grande perícia e muito mais. Não era pequeno o número desses funcionários: havia os de ordem técnica (abridor de cunhos, fundidores, encarregados das ligas metálicas, etc.), os contabilistas, os escrivães, os meirinhos.

Para se avaliar o tamanho e a imponência da burocracia colonial, basta uma lista dos funcionários da Intendência de Ouro de Vila Rica, o "ministério do quinto", que era uma repartição, digamos assim, especificamente feita por nós. Isso sem contar a Justiça, a Fazenda Real, o Clero e a tropa. Eram estes os funcionários da repartição em 1781: o Intendente, quatro fiscais, um tesoureiro, o escrivão da receita, um escrivão da conferência, um ensaiador, um "ajudante do dito", um abridor, um meirinho, um "escrivão do dito", um escrivão da fundição e três fundidores. Em certas ocasiões havia escrivão de entrada de ouro. Agora, eram quatro as intendências...

Além dos funcionários das casas de fundição, havia os corpos de tropas para escoltar o transporte do ouro e dos diamantes do rei (e não eram muito amenos esses militares)... Nas entradas e saídas da Capitania, os viajantes eram cuidadosamente examinados, para ver se traziam contrabando.

Essa terrível ação fiscal tornava-se mais desagradável ainda pelo modo desabrido pelo qual era feita e principalmente pelo fato de ser sobre a mais inconstante das indústrias: a cata do ouro de aluvião incerto e fugitivo. Os *técnicos* do Erário Régio orçavam a produção de um ano: exaustos os rios, essa produção caía. Não possuindo adequados conhecimentos de mineralogia (nem havia onde os possuir, sejamos justos), somente aceitavam uma explicação: contrabando. E, como não havia o atenuante da boa intenção, apertavam o cerco sobre os garimpeiros. Estes se defendiam pelo suborno (há a tradição de que ao funcionário era oferecida uma certa quantidade de ouro em pó para secar a tinta de seu registro de entrada e saída de ouro, naturalmente sob a condição de aceitar os dados fornecidos pelo minerador. Espalhado o ouro no papel úmido, o oficial régio guardava o que não ficava preso na tinta. Era um modo discreto de suborno. Ninguém usava de expressões injuriosas e comprometedoras: oferecia-se ouro para "secar a tinta"...).

Além do quinto havia os dízimos da Igreja, cobrados pelo rei, senhor que era do padroado e do grão-mestrado da ordem de Cristo. E também "contribuições voluntárias", de vez em quando. Mas isso era assunto "normal" da Fazenda Real. Muitos desses impostos eram arrematados por particulares, ao modo dos "publicanos" de Roma. Os arrematadores, para fazer lucro, apertavam o minerador. Mas foram castigados: no princípio ganharam muito dinheiro à custa do povo e del-rei. Quando, porém, o ouro desapareceu, acabaram por não conseguir nem o necessário para pagar a Fazenda Real, e os seus palácios (a "Casa dos Contos" é um deles) foram parar nas mãos do seu real senhor.

E havia ainda a magistratura, já independente do governador, os tribunais eclesiásticos e as Câmaras Municipais.

Merece atenção a justiça, braço autônomo do poder e elemento que muito contribuiu para a constituição do *éthos* do mineiro, em várias de suas manifestações. De cidadãos urbanos que eram por força da situação econômica e da situação geográfica, os mineiros tornaram-se definitivamente honrados burgueses sujeitos às leis. Nada melhor, porém, que estudar a constituição da justiça del-rei.

O Sr. Luiz Camilo de Oliveira Neto, sintetizando pesquisas feitas em torno da questão da autoria das *Cartas Chilenas*, redigiu um estudo circunstanciado a respeito das funções judiciárias na Colônia, detendo-se muito minuciosamente no capítulo relativo às lutas entre os juízes e os governadores.

> A compreensão muito exata da realidade complexa do império colonial português, constituído pelas mais diversas regiões em que habitavam povos cujo grau de civilização e de cultura variava extremamente, levou a administração de Lisboa, dentro de um critério de centralização superior, a estabelecer um conjunto de medidas assimétricas, particulares e variáveis, que correspondiam, tanto quanto é possível verificar, às necessidades dessas regiões e ao desenvolvimento das zonas atingidas pelo movimento lusitano de expansão. A orientação do governo de Lisboa pode ser observada pelo estudo comparativo de quase todos os ramos da administração colonial brasileira, e, tendo em vista o interesse especial para o presente estudo, pelo exame das funções atribuídas aos ouvidores.
>
> Não é conhecido o regimento do primeiro ouvidor geral, Pedro Borges, sabendo-se apenas que dispunha de poderes para passar certidões em nome d'el-rei, e por essa autorização verifica-se a preocupação de prestigiar, no mais alto ponto, este magistrado. Também são desconhecidos os regimentos dos demais ouvidores do século XVI, mas, em compensação, têm sido divulgados muito dos destinados a vigorar nos dois séculos seguintes, respeitando-se, em quase todos, a maior parte das disposições de caráter geral. Eram, em regra, expedidos no momento de cada nomeação.
>
> Em primeiro lugar, competiam aos ouvidores todas as atribuições dos corregedores das comarcas, de acordo com o disposto nas Ordenações (Livro I, título 38), o que lhes permitia exercer relativa polícia sobre as Câmaras, providenciando para a realização de eleições, anulando posturas prejudiciais aos interesses do povo, determinando a construção de obras públicas novas ou reparo

de antigas, autorizando o lançamento de fintas além das funções propriamente judiciárias.

Em segundo lugar, e como complemento à legislação geral do Reino, existiam as medidas especiais contidos nos regimentos, procurando atender à condição peculiar do Brasil e que visam, em regra, aumentar a jurisdição dos ouvidores e tornar a sua ação livre do arbítrio dos governadores. Comparando os termos de vários regimentos expedidos aos ouvidores do Rio de Janeiro, para grande parte do século XVIII, é possível focalizar alguns dos pontos comuns a todos eles. Nos casos, crimes de escravos e índios tinham os ouvidores alçada para as penas de açoites, degredo, e, em junta formada com o capitão-mor e provedor, julgavam, por maioria, os crimes punidos com morte pelas Ordenações. Aos plebeus brancos e livres, despachavam até cinco anos de degredo e, por unanimidade da junta, podiam sentenciar para todos os casos: açoites, baraço, pregão, morte natural e civil. Eram auditores dos soltados dos presídios e, quando as autoridades militares não estavam de acordo com as decisões, tornava-se necessária a convocação do Provedor da Fazenda. Cumpria-lhe impedir que o capitão-mor autorizasse a libertação de presos ou homiziados, salvo os que houvessem sido por mandado de justiça, e, mesmo em casos extremos de guerra em que fosse mister apelar, por meio de bandos, para o serviço de criminosos a serem utilizados nos trabalhos de defesa, esses bandos só podiam ser lançados depois de consultas prévias aos ouvidores e deviam ser por eles assinados.

Para assegurar o desempenho, com independência, de todas as funções (verificando-se pelo resumo feito quanto eram considerá-veis), constam de todos os regimentos as prerrogativas especiais de que gozavam os ouvidores, das quais a mais importante era a que impedia que fossem presos pelo governador geral, capitão-mor, Câmara ou qualquer outra pessoa.

O exercício das funções que eram conferidas aos ouvidores não podia deixar de criar uma série de dificuldades na administração colonial, tantos eram os pontos em que esse magistrado se via compelido a intervir. Percorrendo a correspondência trocada entre os governadores e a Metrópole, encontram-se, com relativa assiduidade, as reclamações e protestos conta a atividade dos ouvidores. Não são invulgares, por outro lado, as informações dos ouvidores, como a de Gonzaga que se acabou de ler, representado contra violências cometidas pelos governadores. E, em grande número de casos, a decisão afinal de Lisboa era favorável aos ouvidores.

O conde de Assumar, governador de Minas no período de 1717-1721, tendo solicitado a remoção do ouvidor do Serro, por abusos praticados, teve como resposta que não se intrometesse em assuntos de justiça, pois tolerar um mau juiz importava em mal menor do que os que decorriam da transferência.

Em último plano, as atribuições e deveres dos ouvidores, estabelecidos nas ordenações e regimentos, eram alterados por leis, cartas régias e alvarás, variando, às vezes, de comarca para comarca – o que permitia adotar mais de perto as suas atividades às condições locais.

Ao ouvidor de Vila Rica, comarca em que tinha sede o governo da Capitania, além das funções conferidas, geralmente, aos magistrados dessa classe, competiam algumas atribuições especiais. A de mais responsabilidade decorria de sua posição de membro da Junta da Fazenda Real, como Juiz de Feitos, recebendo 400$000 anuais, para ajuda de custo. Essa junta da Fazenda representava o papel de um verdadeiro conselho, encarregado da solução dos assuntos relativos à arrecadação de tributos, arrematação dos contratos, prestação de contas, consultava e decidia todos os processos, quer internos e quer do contencioso, com recurso de apelação para a Relação do Rio de Janeiro. Era presidida, na época que nos interessa, pelo governador da Capitania e constituída por quatro membros: o juiz de Feitos, representado pelo ouvidor da comarca de Vila Rica, o Intendente do ouro, funcionando como procurador da Fazenda, o tesoureiro geral e o escrivão.

Na Junta da Justiça, criada de novo pela carta régia de 12 de agosto de 1771, também presidida pelo governador e formada por cinco ministros letrados, o ouvidor de Vila Rica tinha as funções de juiz relator. Destinava-se ao julgamento dos crimes de desobediência, de soldados e oficiais, sedições e rebeliões, crimes de lesa-majestade divina e humana, contrários ao direito natural e das gentes, tais como o homicídio, resistência à justiça, sendo julgados indistintamente todos os escravos e livres, brasileiros, europeus e africanos.

Durante o período em que foi mantida a junta de recursos da Capitania, para conhecer dos agravos dos juízes eclesiásticos, o ouvidor de Vila Rica presidia a que funcionava em sua comarca.

Do que atrás fica exposto, sobre os direitos e deveres dos ouvidores durante o regime colonial e sobre as garantias com que a

Metrópole assegurava o desempenho de suas funções, podemos reduzir, no que interessa para o estudo do problema da autoria das *Cartas Chilenas*, aos seguintes pontos a situação de Gonzaga em relação ao governador Cunha Menezes:

1 – Superintendência e distribuição da justiça em toda a comarca de Vila Rica e intromissão regular em muitos processos administrativos, o que deveria gerar, como se verificou posteriormente, sérios conflitos de autoridades.

2 – possibilidade de recursos contra atos do governador e de denunciar o seu procedimento, representando diretamente à administração de Lisboa e mesmo à Rainha, assegurada a imunidade do ouvidor;

3 – conhecimento objetivo e minucioso de grande número de assuntos administrativos, como resultado dos estudos necessários à elaboração de pareceres e sentenças.

O desembargador José João Teixeira, nas muito seguras *Instruções para governo da Capitania de Minas*, escritas em 1780, que são consultadas sempre utilmente para os estudos de história colonial mineira, dedica todo o capítulo 7º às considerações relativas aos excessos que se permitiam os governadores, fundados em práticas estabelecidas desde o início da Capitania, destituídas de apoio nas determinações do Conselho Ultramarino e na legislação da Coroa. Não possuíam os governadores de Minas regimento próprio e guiavam-se pelo do Rio de Janeiro, de 1679, que não podia conter, um século depois da sua expedição, as medidas convenientes e, apesar das alterações deste regimento, resultantes de providências da Metrópole, no sentido de adaptá-lo às novas necessidades, os governadores, em muitas ocasiões, agiam segundo praxes, estilos, como eram denominados, de seus antecessores. Enumera o autor das Instruções quatro tipos de estilos, que chama "abusos", e todos são constituídos, no fundo, pela intromissão indevida em matéria judiciária: solução final em casos cíveis, pendentes ou não em juízo, por recurso direto de uma das partes ao governador, que decidia, depois de mandar informar o assunto por pessoas estranhas à justiça, estabelecimento arbitrário de prazos para liquidação de dívidas, fixados pelo governador, por solicitação de quem era demandado ou esperava-o ser, para satisfação de compromissos. Seguem-se os dois estilos que eram representados pelas prisões e degredos de indivíduos, denunciados como causadores habituais de desordem, independente de processos e, finalmente, interferência no regime de concessão terras.[23]

Ora, que sabiam de leis e juízes os senhores do engenho? Eles eram senhores e faziam a justiça.

À igualdade dos faiscadores na areia dos rios, tornada igualdade dos senhores de minas com sobradões lado a lado na rua tortuosa, viera acrescentar-se nova forma de igualdade: a mesma sujeição à lei emanada da vontade soberana, aqui traduzida através de fiscais prepotentes, "dragões" violentos, generais de sobrolho carregado e juízes fingidamente austeros e líricos no fundo, apesar de falarem em nome das "Ordenações" rispidíssimas.

Às vezes os poetas magistrados tornavam-se tirânicos. Os nossos velhos historiadores ficavam arrepiados ao depararem-se com textos narrando ordens de futuros inconfidentes, então magistrados da Coroa, mandando destruir os toscos teares dos mineiros. "Ominosos tempos aqueles e dura escravidão a nossa", gemiam. Mas, se olhassem além da pessoa del-rei de Portugal e Algarves, teriam muitas surpresas: os juízes quebravam teares, porque os panos finos vinham do Reino, onde não eram feitos e sim comprados da Inglaterra (na obediência ao Tratado de Methuen).[31] Resultado, o fino ouro dos leitos dos rios mineiros ia, com uma etapa ligeira nos cofres reais, amontoar-se muito lindamente nas arcas dos respeitáveis industriais britânicos. Os quais, graças a isso e mais à invenção das máquinas, à criação da técnica capitalista, à adoção dos princípios liberais e à descoberta das leis da economia política, tornar-se-iam dentro de poucos anos uma das potências mundiais, mandando navios carregados de coisas úteis, ideias liberais e "respeitabilidade" (isso da mesma forma que as caravelas antigas carregavam especiarias e religião). Xavier da Veiga e Diogo de Vasconcelos,[32] quando ficavam horrorizados

---

[31] N.E.: O Tratado de Methuen, de 1703, foi um acordo comercial que marcou o predomínio inglês em Portugal, num contexto de disputas entre as potências europeias. Nesse tratado, estabeleceram-se franquias bilaterais: a do mercado inglês aos vinhos portugueses e a do mercado português (e colonial) aos tecidos ingleses. O comércio acarretou lucros à Inglaterra, sendo o pagamento dos tecidos feito, sobretudo, com o ouro obtido no Brasil. Foi extinto em 1836.

[32] N.E.: José Pedro Xavier da Veiga (1846-1900), foi deputado provincial e destacado redator de jornais – *A Província de Minas*, *A Ordem* –, e, em 1895, tornou-se o diretor, e organizador, do Arquivo Público Mineiro, cuja criação foi determinada em lei estadual do mesmo ano. Também foi o editor responsável pela publicação da

com essa "tirania" dos magistrados portugueses, não sabiam que estes estavam cooperando para as campanhas liberais inglesas do século XIX: financiamento da Independência (que, entre outras coisas, foi bom negócio), lutar contra o tráfico escravocrata e outras mais, consequências do poder político da burguesia inglesa durante o período vitoriano. "Deus escreve direito por linhas tortas". Claudel[33] ficou impressionado com a sabedoria desse provérbio nosso. Esse caso foi um dos exemplos típicos. Uma tirania abrindo caminho para o liberalismo.

Mas não houve somente opressão: os mineiros colaboraram e muitas vezes mantinham boas relações com os ministros reais. Como bons burgueses que sempre foram, armaram à sua custa as tropas de ordenanças, nas quais foram oficiais. Além disso, acabaram entrando para as tropas del-rei: o Tiradentes não era alferes?

Uma das consequências mais importantes da urbanização e da presença do estado foi, entretanto, a formação de uma classe média urbana: oficiais mecânicos, por exemplo. Se muitos eram brancos, inúmeros eram mestiços: o Aleijadinho, por exemplo. E, ao contrário do senhor de engenho, o mineiro desde cedo aprendeu a andar às voltas com o estado. A negociar com o estado. A ser funcionário público.

Revista do Arquivo Público Mineiro (a partir de 1896). Ele escreveu e publicou, ainda, uma obra significativa, as *Efemérides mineiras* (1897). Cf. CARNEIRO, Edilane Maria de Almeida, NEVES, Marta Eloísa Melgaço. Introdução. In: VEIGA, José Xavier da Veiga. *Efemérides mineiras*. Belo Horizonte: Centro de Estudos Históricos e Culturais/ Fundação João Pinheiro, 1998, p. 17-40.

Correspondente do Arquivo Público Mineiro, por meio de Xavier da Veiga, o bacharel em direito e político (foi deputado geral e provincial e presidente da Câmara de Ouro Preto), Diogo Luís de Almeida Pereira de Vasconcelos (1842-1927), enviou para o Arquivo obras raras de história portuguesa. Marcado pela tradição memorialística, mas afeito a certa crítica documental, Diogo de Vasconcelos escreveu, entre outros trabalhos: *História Antiga das Minas Gerais* (1901 e 1904); *História Média de Minas Gerais* (1918); *História da Civilização Mineira – 1ª parte - Bispado de Mariana* (1935).

[33] N.E.: Paul-Louis-Charles-Marie Claudel (1868-1955), poeta, ensaísta e dramaturgo católico, que foi diplomata da França no Brasil (1917-1918). O provérbio citado por João Camillo é epígrafe do drama religioso e histórico de Paul Claudel: *Le soulier de satin* (1929). Cf. SANTIAGO, Silviano. A França entre a *Brazil Railway* e o Contestado, entre o café e o Modernismo, *Revista Confraria, arte e literatura*, n. 13, mar./abr. 2007. Disponível em: <http://www.confrariadovento.com/revista/numero13/ensaio02.htm>.

Exemplos da complicação burocrática do governo da Metrópole nos dão o estudo de qualquer ponto concreto de historiografia mineira, principalmente onde haja a execução de uma tarefa administrativa definida. Assim, *verbi gratia*, a construção da casa dos contos primitivos. O governador escreve ao rei dizendo que os dinheiros do erário régio estavam guardados numa casa de pau a pique (possivelmente taipa), sujeita a arrombamentos e ao assalto por meio da construção de galerias subterrâneas. Pergunta a el-rei se pode fazer coisa definitiva, de pedra. Respondem de Lisboa. Retruca o governador. Afinal, depois de trocadas várias cartas, resolveu-se... mudar a sede do governo para Vila Rica. Ou então a questão das irmandades, das edificações das capelas, da compra de paramentos. Tudo tinha que ir a Lisboa. Depois a Mesa de Consciência e Ordem devolvia o processo ao governador para informar e finalmente voltar a Lisboa para o despacho final (se era a Rainha D. Maria, a resposta era geralmente favorável; se D. José, nem sempre...). Com essa interpenetração da política em todas as dobras da vida, com essa presença constante do estado (o doce Dirceu transformado em sarcástico Critilo não se queixa de ser acordado alta madrugada pelo ruído das atividades de construção da cadeia, amostra matinal da existência sempre detestada do "Fanfarrão Minésio?"), nada mais natural que os mineiros fizessem política. E, por certo que esta não seria de muitos aplausos: não temos as *Cartas Chilenas*, postas em execução pouco tempo mais tarde pela Inconfidência? A coisa ficara mais grave pela exaustão do ouro, tornada mais aguda a crise: eram os mineiros obrigados a pagar os impostos calculados a base dos rendimentos dos anos de prosperidade. Foi a explosão. O arguto Barbacena[34] é que soube salvar a situação: suspendeu a "derrama".

★ ★ ★

Quando as ideias da Enciclopédia apareceram, trazidas nos livros dos magistrados e dos clérigos, encontraram ambiente favorável para

---

[34] N.E.: Luís Antônio Furtado de Mendonça, Visconde de Barbacena, foi (o décimo) governador e capitão-general da Capitania de Minas Gerais entre 1788 e 1797, no período que veio à tona a denominada Inconfidência Mineira. Suspendeu a cobrança da derrama, reconhecendo a possibilidade de uma rebelião nas Minas ou a conspiração de senhores poderosos para constituir um governo autônomo que se oporia aos interesses metropolitanos (ou reinóis).

germinação. A situação material – econômica e política – era tal que facilmente essas ideias teriam de encontrar adeptos. E note-se que vinha o que havia de melhor nas letras para governar a Colônia: o Visconde de Barbacena foi o primeiro aluno diplomado em Coimbra depois da reforma Pombal. Quer dizer: era enciclopedista. Como Gonzaga e Cláudio Manoel da Costa. Os mineiros, morando em cidade e perto do governo, ficaram cedo políticos. E liam os autores que fizeram a ideologia da Revolução Francesa, apesar de todas as proibições...

CAPÍTULO VI

As diversões são coletivas

Civilização nitidamente urbana e burguesa, a que nasceu do casamento do homem com a montanha, deixou marca profunda e nítida no que se refere às diversões. O mineiro até hoje tem processos muito peculiares de divertir-se. É um fato que qualquer um pode observar durante o Carnaval: a grande multidão que se acumula, assiste impassível aos folguedos, mas deles não participa. Uma "batalha de confete" consiste em um grande número de pessoas, que vão e vêm à espera de qualquer coisa, sendo mais plateia que comparsa, ao contrário do que se verifica no Rio.

As diversões que conseguiram nascer e viver nas Minas Gerais eram quase todas de origem externa, produto mais de obrigação social do que da procura do prazer. E todas de meio da rua, se excetuarmos os grandes banquetes patriarcais (de voga principalmente no Império) e que constituíram a única forma de diversão privada dos mineiros. Em épocas mais próximas apareceram os bailes de casamento, de S. João (a única festa alegre das Minas, assim mesmo no Império).

Uma tentativa mais do que arbitrária, mas aceitável, de classificação nos daria os seguintes tipos de festa: cívicas, religiosas, profanas, mistas e meramente particulares. Algumas eram de origem europeia; outras, africana. Em muitas ocasiões houve combinação e sincretismo. Geralmente na origem e no motivo via-se a influência portuguesa, mas a execução era temperada e modificada pela ação do negro, presente em tudo.

Festas cívicas, as tivemos desde o século XVIII, principalmente as famosas comemorações de casamentos e nascimento de pessoas da família real. Há mesmo um material vastíssimo a esse respeito.

Critilo, o sarcástico, assim descreve uma festa pública nas Minas Gerais, comemorando noivados régios:

>Chegou à nossa Chile a doce nova
>De qual real infante recebera,
>Bem digna de seu leito, casta esposa,
>Reveste-se o baxá de um gênio alegre
>E, para bem fartar, os seus desejos,
>Quer que, as despesas do senado e do povo,
>Arda em grande festins a terra toda.
>
>Escreve-se ao Senado extensa carta
>Em ar de majestade, em grese moura,
>E nela se lhe ordena, que prepare,
>Ao gosto das Espanhas, bravos touros;
>Ordena-se –, também, que nos teatros,
>Os três mais belos dramas se estropiem
>Repetidos por bocas de mulatos;
>Não esqueçam, enfim, as cavalhadas,
>Só fica, Doroteu, no livre arbítrio
>Dos pobres camaristas, repartirem
>Bilhetes de convites, pelas damas
>
>...
>
>Enquanto, Doroteu, a nossa Chile
>Em toda a parte tinha, à flor da terra,
>Extensas e abundantes minas de ouro,
>Enquanto os taverneiros ajuntavam
>Imenso cabedal, em poucos anos,
>Sem terem, nas tabernas fedorentas
>Outros mais sortimentos que não fossem
>Os queijos, a cachaça, o negro fumo
>E sobre as prateleiras poucos frascos,
>Enquanto, enfim, as negras quitandeiras,
>À custa dos amigos, só trajavam
>Vermelhas capas de galões cobertas,
>De galaces e tissas ricas saias,
>Então, prezado amigo, em qualquer festa

> Tirava, liberal, o bom Senado,
> Dos cofres chapeados, grossas barras.
> Chegaram tais despesas à notícia
> Do rei prudente, que a virtude presa.
> E vendo que estas rendas se gastavam
> Em touros, cavalhadas e comedias,
> Aplicar-se podendo em coisas santas,
> Ordena providente que os Senados,
> Nos dias em que devem mostrar gosto
> Pelas reais fortunas, se moderem
> E só façam cantar, no templo, os hinos
> Com que se dão aos céus as justas graças
>
> A! meu bom Doroteu, que feliz fora
> Esta vasta conquista, se os seus chefes
> Com as leis dos monarcas se ajustaram!
> ...
>
> Com esta sábia lei replica o corpo
> Dos pobres senadores e pondera
> Que o severo juiz, que as contas toma,
> Lhes não há de aprovar tão grandes gastos,
> ...
>
> Aos tristes senadores não responde,
> Mas manda-lhes dizer que, a não fazerem
> Os pomposos festejos, se preparem
> Para serem os guardas dos forçados
> Trocando as varas em chicote e relho.
> ...

Depois de referir-se às tropelias do governador Cunha Menezes agravadas pela distância do Reino, o que lhe dava grande liberdade de ação, prossegue Critilo:

> A força de temor, o bom senado
> Constância já não tem; afrouxa e cede.
> Somente se disputa sobre o modo
> De ajuntar-se dinheiro, com que possa
> Suprir tamanho gasto o grande Albergue.
> Uns dizem que, das rendas do Senado,
> Tirada as despesas, nada sobra.

Outros acrescentam, que se devem
Parcelas numerosas, impagáveis
Às consternadas amas dos expostos.
Uns ralham, outros ralham, mas que importa?
Todos, árbitros dão, nenhum acerta.

...

[Os senadores foram vencidos pela ameaça.]

Mandam-se apregoar as grandes festas,
Acompanham o pregão luzida tropa
De velhos senadores. Estes trajam,
Ao modo cortesão, chapéu de plumas,
Capas com bandas de vistosas sedas

...

A seguir descreve o poeta as festas, as luminárias, as cavalhadas e as touradas.[24]

Participando ou não com o coração nestas barulhentas comemorações, o mineiro sentiu, contudo, aumentada e reforçada a sua consciência política, sua compreensão do homem como "cidadão". Durante o século XIX, além de festas do mesmo estilo em tempos de D. João VI, foram muitas as festas cívicas, durante o Império. De qualquer modo, vivendo em sociedade, o mineiro aprendeu a rir ou chorar com a família real, com o estado.

Mais espontâneas talvez do que as festas cívicas, temos as solenidades religiosas, ainda hoje ocasião de grandes demonstrações. Desde o celebérrimo "Triunfo Eucarístico"[35] até hoje o mineiro dá importância especial às solenidades da Igreja. O traço talvez mais importante disso é que as autoridades eclesiásticas nunca tiveram grande entusiasmo por

---

[35] N.E.: Como manifestação religiosa espetacular e de ostentação barroca, o *Triunfo Eucarístico* foi realizado, em Vila Rica, a 25 de maio de 1733, quando o Santíssimo Sacramento foi transferido da igreja do Rosário para a matriz do Pilar. Outra festividade, a do Áureo Trono Episcopal, ocorrida em 1748, na cidade de Mariana e promovida para a entrada do novo bispo, apresentou suntuoso programa de cerimônias públicas. Esses eventos celebraram a abundância da empresa aurífera como se estivesse ao alcance de toda a população e deram visibilidade ao poder da Igreja cristã e do Estado português.

essas formas de expressão das vivências religiosas. Basta lembrar que somente a procissão de *Corpus Christi* é litúrgica. Algumas das solenidades antigamente toleradas francamente pelas autoridades eclesiásticas foram mesmo combatidas.

Mal saíamos do caos colonial e os bispos trataram de retificar num sentido mais litúrgico as devoções. Muitas das que ainda se realizam à sombra das igrejas são quase impostas pelo povo. E isso não vai de encontro ao que dissemos acima, sobre a quase nenhuma participação do mineiro nas festas. Pelo contrário: a festa religiosa tipicamente nossa é uma tal em que o povo "assiste" e não participa, como deseja a liturgia.

Considerando religiosas as festas originadas de "desculpas" e motivos do Calendário da Igreja (e não só as especificamente religiosas), temos os seguintes ciclos: o do Natal; o da Semana Santa, o profano de Junho e os sincretistas de N. S. do Rosário e Divino e os jubileus. Isso sem contar com *Corpus Christi* e as procissões de S. Jorge – a cavalo, muitas vezes incluídas numa das festas anteriores. Se os ciclos do Natal e da Semana Santa são nitidamente ibéricos, os de Rosário e Divino são escandalosamente afro-brasileiros. E os juninos nada têm que ver, no fundo, com religião.

Há um material folclórico inesgotável no que toca ao ciclo do Natal. A base sobre a qual repousa todo o edifício é de autênticos autos de origem portuguesa. Agora, sobre esse tecido, a imaginação popular bordou coisas incríveis. Como disse, o material é enorme, e creio que somente Mário de Andrade seria homem de fazer qualquer coisa de definitivo sobre a questão.

O ciclo de Natal compõe-se geralmente de dois autos principais: o de Nascimento e o de Reis. O estilo todo é do velho auto português. Cenas rápidas, diálogos intercalados com efeitos corais e, no fim, o presepe iluminado. Tudo recheado de adoráveis anacronismos em matéria de roupas e expressões.

Em muitas partes é costume saírem no dia de Reis cantores pela rua, em serenata, fazendo peditório. Consegui obter os seguintes textos das cantigas, usadas conforme o caso e a recepção: "Nesta casa, cheira a pão / Nela mora um cristão", ou "Nesta casa cheira a breu / Nela mora um judeu", ou "Esta casa de farelo / Nada tem para me dar" (no auto de Reis são comuns as intromissões de origem africana).

O ciclo da Semana Santa compõe-se de imponentíssimas procissões à moda ibérica, e, como se trata de uma questão essencialmente religiosa, a Igreja nunca deixou que penetrassem costumes muito diferentes das tradições, mantendo-se tudo até hoje sem alterações substanciais.

Deixando de parte o ciclo de junho inteiramente profano e além disso particular, e que deve ser estudado à parte juntamente com as celebrações do Natal, portas adentro, temos, agora, muito rapidamente, as festas de *Corpus Christi*, altamente litúrgicas e sempre realizadas nas Minas de forma digna de admiração pela amostra que é do profundo senso cristão do povo. Nesse setor não necessitaríamos senão de citar o famoso "Triunfo Eucarístico" mais do que conhecido e o modo sempre solene da realização das profissões eucarísticas, sempre em horas matinais, as ruas literalmente recobertas de flores, arcos de triunfo de bambus e, nas sacadas das casas, as mais ricas colchas e toalhas de damasco...

Indo de um polo ao outro, tem as festas francamente sincretistas do Rosário e do Divino (principalmente a primeira) com a coroação do Imperador e a realização de um sem-número de atos de origem africana ou ibérica, tais como congados, reisados, marujos, etc. Como isso é um tema ainda entregue às pesquisas folclóricas, apenas faço menção rápida para demonstrar novos aspectos do caráter urbano da civilização das Minas.

Mais originalmente mineiros (apesar de nascidos de um costume português) temos os famosos jubileus: de Matosinhos (em Conceição do Mato Dentro) e Congonhas. Nesta última cidade há um bairro que fica fechado durante parte do ano para abrir-se durante as festas.

Sobre jubileu não teríamos que concluir senão lembrando que os pontos de romaria (desde os oráculos gregos) sempre foram pontos de cristalização social, núcleos iniciais de povoação, centro de convergência e irradiação de comércio (a importância desses nossos jubileus como locais de feira é extraordinária).

Passando das festas religiosas às mais ou menos profanas, lembraria o entusiasmo que a realização de cavalhadas e "argolinhas" sempre despertou em Minas. Para mostrar um exemplo antigo, temos este das *Cartas Chilenas*.

Assim Gonzaga descreve as touradas e cavalhadas feitas em homenagem ao casamento dos príncipes:

> Na frente se levanta um camarote
> Mais alto do que todos uma braça:
> Enfeitam seu prospeto lindas colchas
> E pendentes cortinas de damasco.
> À direita se assenta o nosso Chefe;
> Os régios magistrados não o cercam,
> Nem o cerca, também, o nobre corpo
> Dos velhos cidadãos aquele mesmo
> Que faz de toda a festa os grandes gastos.
>
> ...
>
> Chegam-se enfim as horas do festejo
> Entra na Praça a grande comitiva
> Trazem os pajens as compridas lanças
> De fitas adornadas vêm à dextra
> Os famosos ginetes arreados
> Seguem-se os cavaleiros que cortejam
> Primeiro ao bruto chefe logo aos outros.
> Dividindo as fileiras sobre os lados
> Não há quem o cortejo não receba
> Em ar civil e grato; só o chefe
> O corpo da cadeira não levanta
> Nem abaixa a cabeça, qual o dono
> Dos míseros escravos quando juntos
> A benção vão pedir-lhe por que sejam
> Ajudados de Deus no seu trabalho.
> Feitas as cortesias de costume
> Os dextros cavaleiros galopeiam
> Em círculos vistosos pelo campo
> Logo se formam em diversos corpos
> À maneira das tropas que apresentam
> Sanguinosas batalhas. Soam trompas
> Soam os atabales, os fagotes,
> Os clarins, os boés e mais as flautas;
> O fogoso ginete as ventas abre
> E bate com as mãos na dura terra;
> Os dois mantenedores já se avançam.
>
> ...

> Jogam-se encontroadas, e se atiram
> Redondas alcancias, curtas canas
> De que dextro o inimigo se defende
> Com fazê-las no ar em dois pedaços.
> Ao fogo das pistolas se desfazem
> Nos postes as cabaças. Umas ficam
> Dos ferros trespassados, outras voam
> Sacudidas das pontas das espadas;
> Airoso cavaleiro ao ombro encosta
> A lança, no princípio da carreira;
> No ligeiro cavalo a espora bate;
> Desfaz com mão igual o ferro, e logo
> Que leva argolinha a rédea toma
> E faz que o bruto pare. Doces coros
> Aplaudem o sucesso, enchendo os ares
> De grata melodia. Então vaidoso
> Guiado de um padrinho, ao chefe leva
> O sinal da vitória, que segura
> Na dextra aguda lança. O bruto chefe
> Aceita a oferta em ar de majestade
>
> ...
>
> Já no sereno céu resplandeciam
> As brilhantes estrelas,
>
> ...
>
> Quando, prezado amigo, nas janelas
> Do nosso Santiago se acendiam
> Em sinal de prazer, as luminárias;
> Ardem, pois, nas janelas do palácio
> Duas tochas de pau e sobre a frente
> Da casa do Senado se levanta
> Uma extensa armação, a quem afeitam
> Quatro mil tigelinhas...[25]

O mineiro não tem nenhuma experiência do que seja "vida social". As festas comuns nas Minas Gerais (durante a Colônia ou no século passado) ou são do tipo de cerimônia pública, mais ou menos obrigatória, ou se, de portas adentro, festas em família, geralmente em forma de banquetes. Naturalmente que muito contribuíram para isso os preconceitos patriarcais relativos à reclusão das mulheres.

Somente por ocasião dos casamentos é que se abrem os salões e os jovens podem dançar... quadrilhas. Além disso, temos as festas juninas realmente alegres. Estas, porém, são de aparecimento relativamente tardio e originárias das zonas agrícolas, onde há mais liberdade e menos restrições.

Em suma, o mineiro somente conheceu dois tipos de festas: públicas, no meio da praça, e absolutamente particulares, no seio da família patriarcal. As primeiras forçando e realçando o sentido burguês de sua vida; as segundas confirmando a rigidez de seus hábitos morais (a vida de família, o horror da ligeireza de costumes, o amor à *respectability* são sentimentos nitidamente burgueses. Basta uma rápida comparação da sociedade vitoriana com a de Versalhes para se verificar como esse espírito de austeridade é um produto burguês).

Os mineiros, porém, eram aristocratas a seu modo e senhores de latifúndio; viviam numa sociedade essencialmente escravocrata e de mistura de raças: a vida de família era muito austera. Mas havia uma vastíssima vida fora da família, adequada, porém, somente aos homens.

CAPÍTULO VII

As Câmaras Municipais

A primeira edilidade surgida em Minas foi a de Mariana. O velho espírito municipalista do direito romano, combinado e modificado na Idade Média, não desapareceu jamais do direito português. O município é o conjunto de fogos (isto é, de lares, de famílias), governando-se a si próprios. As Câmaras – que foram chamadas de Senado da Câmara –, evolução do Senado Romano, agora convocado entre os comerciantes e mecânicos, tinham por dever zelar pelo bom andamento de todas as coisas da cidade: edifícios públicos, chafarizes, ruas e pontes, higiene, polícia e economia. Era perante a Câmara que os aprendizes desejosos de passar a oficiais deveriam prestar exames junto aos juízes de ofício (ou prestar fiança quando não tivessem funcionando os juízes). Competia às Câmaras tratar do tabelamento dos produtos da indústria e do comércio, ouvindo as partes interessadas. Quando a vila passava à cidade, o seu território era liberado, não podendo pertencer a suserano algum. Por isso, as sedes do bispado não podiam estar em vilas, pois um bispo não podia mesmo não o ser – como no caso dos últimos carlovíngios da hierarquia feudal –, apenas o mais elevado dos senhores. Então Mariana foi elevada à categoria de cidade, o rei de Portugal comprando o seu território à Ordem de Cristo, suserana do Brasil.

Iguais por situação econômica, iguais pela mesma sujeição às leis do reino, os mineiros passaram a ser iguais na sua qualidade de coparticipantes do governo da mesma cidade, que era deles.

Para se avaliar da importância social das Câmaras Municipais e do interesse que demonstravam na defesa de seus interesses, temos as muitas lutas que tiveram de sustentar contra governadores mais afoitos, menos dispostos ao exato cumprimento e a um autêntico respeito das leis régias.

Das funções das Câmaras da Colônia, podemos destacar três como sendo as mais importantes: funções de urbanismo; de defesa da economia; e de organização do trabalho. Tirante a terceira dessas três funções, matéria de um dos próximos capítulos, vejamos as outras duas.

Competia, em obediência a velhos usos e práticas milenares, ao senado da Câmara a manutenção dos edifícios públicos, a construção dos hospitais, o zelo pela limpeza e bom estado das ruas, a construção de chafarizes, etc. O mesmo espírito que nos deu os belos edifícios europeus destinados a *Hotel de Ville* e outras funções, aqui, em menores proporções, realizou obras meritórias.

Também as funções de defesa da economia popular e controle dos preços eram exercidas com toda a seriedade pelos vereadores coloniais, existindo documentação muito interessante a respeito.

Ainda não foi feito, infelizmente, um estudo pormenorizado sobre a vida municipal da Colônia (o Sr. Salomão de Vasconcelos, que tem pesquisas de grande valor sobre o caso concreto de Mariana, promete-nos em breve qualquer coisa a respeito).

A teoria do município em vigor então era a das Ordenações e que regulamentara os costumes oriundos do movimento comunal da Idade Média, com as vistas colocadas, porém, no modelo mais alto da "Cidade Antiga", se entrosando na hierarquia feudal, a fidelidade vassalisa ao rei ligando cidades (que em tudo eram semelhantes às *polis* antigas) e feudos num conjunto único de onde nasceram as nações modernas. Evidentemente que não há dúvidas sobre a teoria do município; o problema, aqui, e que está desafiando a argúcia do historiador é o da prática. Que fizeram as Câmaras no Brasil ou em Minas, pelo menos? Realizaram o ideal social incluído na teoria?

O Sr. Caio Prado Jr., que publica um belo resumo da teoria do regime, assinala (contra a sua preocupação de mostrar que não havia então distinção de funções e de poderes) que "algumas Câmaras, sobretudo as de S. Luiz do Maranhão, do Rio de Janeiro, e também a de São Paulo, tornaram-se de fato, num certo momento, a principal autoridade as Capitanias respectivas, sobrepondo-se aos próprios governadores e chegando até a destituí-los de seu posto".[26]

Nas *Cartas Chilenas* temos amostra das lutas entre governadores e Câmaras, nem sempre favoráveis às Câmaras como nos casos narrados por Critilo. As Câmaras, contudo, tinham o apoio do povo, o que é natural.

Para se poder compreender a vida e as atividades das Câmaras coloniais, o melhor que temos no momento são as acuradas pesquisas do Sr. Geraldo Dutra de Morais sobre a Vila do Príncipe (Serro), na sua *História de Conceição do Mato Dentro*, cap. II. Além de fornecer grande quantidade de detalhes preciosos, este autor reconstitui a vida de uma Câmara mineira, que é o que interessa ao nosso assunto. O mais valioso desse ensaio é a transcrição das tabelas de preços anuais da Vila, mostrando como se fazia "normalmente" o que hoje se esboça em dias de crise. Além disso, mostra quais os ofícios ali existentes.

> O Senado da Câmara da Vila do Príncipe compunha-se de um Presidente Semestral (sendo eleitos dois no princípio do ano), de três vereadores, de um procurador do ano com voto, um tesoureiro sem voto, almotacés, vintenários, escrivães, porteiros, contínuos, alcaide, etc., na forma das Ordenações.
>
> O pleito era anual. Em regra, numa vereação especial assistida pelo corregedor, nobreza e povo, um menor extraía de uma urna especial os necessários pelouros, daí saindo eleitos dois presidentes, os vereadores e o procurador. Durante o respectivo mandato, cada um dos Presidentes assumia, pelo prazo improrrogável de seis meses, os cargos de presidente do Senado e Juiz Ordinário no Cível e no crime. Posteriormente, em cumprimento a determinadas ordens, separou-se a vara privativa dos órfãos, depois a de sesmarias, e, quase nas vésperas da Independência, "o Governo mandava um doutor juiz de fora, por igual presidente do Senado da Câmara". O vintenário era um juiz de distritos e de pequena alçada: "em qualquer aldeia em que houver 20 vizinhos e daí para cima até 50, por uma légua afastada ou mais da cidade ou vila, os Juízes, com os vereadores e o procurador, escolham em cada ano um homem bom que aí seja juiz, que com juramento bem e verdadeiramente conheça verbalmente as contendas até mais de cem réis".

Assim rezava o texto das instruções sobre a nomeação do vintenário. Destarte a alçada crescia na razão dos moradores da aldeia ou do distrito.

Os Almotacés, cujo mandato era invariavelmente de dois meses, constituíam-se de oficiais eleitos pelo Senado, tendo a seu cargo cuidar da igualdade dos pesos e medidas, taxas e, às vezes, distribuir os alimentos e os gêneros das lojas, farmácias, etc., e cuidavam, também, das estradas e dos serviços públicos máxime da fiscalização...

Deviam servir para vereadores não somente os moradores da Vila ou arredores, mas todos os que moravam nos distritos, arraiais, roças ou minerações, posto que muito distantes ou atarefados. Os eleitos "de fora" deveriam transferir suas residências para a Vila durante todo um ano, até porque as vereações se verificavam duas vezes por semana, além das correições, assistência nas quatro festas oficiais, etc. Eleitos, munidos da carta de usança, prestavam juramento, recebendo cada vereador uma vara vermelha que seria levada à mão direita em todos os atos oficiais em Câmara ou fora da Câmara. O traje oficial compunha-se de saio, capa e volta. O seu uso era obrigatório nas vereações como nas assistências externas. Numa sessão de 1765, o Procurador do ano, "que estava observando o Senado dar posse dos almotacés, vindo estes trajados de casaco, quando um traje oficial faria mais honorífico o cargo e se apura o respeito – item que quando há saimento do Santíssimo Sacramento –, compareceu de casaco, quando todos deveriam comparecer de saio, capa e volta". O saio... constituía-se de uma vestimenta larga e frouxa com fraldão e abas até os joelhos, uma espécie das usadas pelos membros da famosa Ordem da Jarreteira. A capa era uma vestidura solta e bordada de ouro e prata, com franjas e alamares do mais subido valor. Volta era uma renda finíssima de linho, de dez centímetros de largura, a qual se colocava em torno do pescoço acompanhando a gola da capa.

De acordo com o inventário feito em 1735, o Senado Serrano possuía os seguintes bens: uma mesa, com seu pano de chita; um sinete de marfim com as armas reais; um bofete com gavetas coberto de pano de serafina verde e com sanefas; quatro painéis com a largura de uma folha de papel; uma campainha e umas Horas Latinas impressas em Antuérpia.[27]

Depois de estudar rapidamente as *démarches* do Senado Serrano para aquisição de um edifício adequado para nele funcionar, o Sr. Dutra de Morais prossegue na descrição das variadas funções de órgão do governo da Comuna Serrana.

> As funções do nobre Senado da Câmara eram variadíssimas. Entre outras, fazia correição pelas ruas da Vila ou pelos arraiais da Câmara, punindo os contraventores, mandando prender os desobedientes, corrigindo defeitos, demolindo, repondo, acertando, providenciando, enfim, tudo que fosse em benefício da causa pública.

As festas, por exemplo, estavam a cargo do Senado. O Sr. G. Dutra de Morais transcreve alguns preciosos convites e licenças para festas públicas, cívicas, religiosas ou profanas. Por um deles ficamos sabendo ser o Carnaval permanente: em qualquer domingo ou dia santo eram permitidas as "máscaras e as farsas" (*old merry England...*). Ou, então, que havia representação de comédias clássicas – "Aspásia na Síria"[36] – a cargo dos estudantes. Isso sem contar cavalhadas, touradas, argolinhas, marujos, "óperas", paradas, sermão e *Te Deum*, inevitáveis.

Muito importante: o nosso autor cita um convite em que nos fala em

> [...] danças que hão de dar os ourives, mecânicos, alfaiates, sapateiros, carpinteiros e ferreiros. Os touros serão fornecidos pelos carniceiros... que darão as garruchas (ou galochas) aos toureadores. Todo o fogo será dado pelos mercadores da vila: as óperas correrão por conta dos advogados, escrivães de barca e oficiais da Real Fundição (os "intelectuais"). O palco será dado pelos vendeiros, o tablado das óperas será dado por conta dos solicitadores e meirinhos...[(28)]

Esse edital, transcrito por inteiro pelo historiador de Conceição do Mato Dentro, revela-nos em pleno funcionamento uma comuna

---

[36] N.E.: Refere-se possivelmente à comédia clássica, cujo tema foi várias vezes refeito e encenado, em torno de Aspásia, nascida na colônia de Mileto (Ásia Menor) que viveu em Atenas, em torno de 450 a.C. Educada e hábil na arte de conversar e entreter, conheceu Péricles, o governante de Atenas, ainda que não tenha se casado com ele - ironicamente, uma lei de sua autoria proibia relacionamentos com estrangeiros. Passou a viver como concubina (*pallakê*), mas teve um filho com Péricles, divorciado da primeira mulher. O seu *status* de estrangeira permitiu que não ficasse confinada ao lar, mas frequentasse ambientes diversos. Desfrutou de condições que lhe permitiram receber em seu salão literário amigos e admiradores pelo seu brilho intelectual.

medieval: a Câmara orientando a vida do povo através dos seus corpos profissionais. Mas os velhos reinos eram federações de municípios autônomos, estes, federação de grupos enfeixados na Câmara. Assim foi no Serro, assim em Mariana, no Rio ou em São Paulo, em Lisboa, no Porto ou em Braga, em Paris, Ruen, Antuérpia, Veneza, Lubeck, Londres (ainda há o *Guild Hall*). Em toda a Cristandade.

Prosseguindo, comenta o Sr. Dutra de Morais:

> Mas não só de festas cuidava o "sereníssimo" Senado da Câmara. Promovia, diligentemente, por meio de vereações austeras, medidas sobre embelezamento, asseio, higiene pública e moral da Vila do Príncipe e de todos os distritos da grande Comarca, para o bem da República, como se dizia.
>
> Em outros setores, também, se imiscuíam os oficiais: incentivavam novos descobrimentos, fiscalizavam as lojas, vendas, açougues, tavernas, etc., e não permitiam que nenhum advogado, surjão, barbeiro, parteira, boticário ou outro qualquer profissional exercesse seus empregos sem as indispensáveis licenças ou alvarás.[29]

Em seguida, vem a reprodução dos preços conforme o tabelamento feito para o ano de 1725 (no velho e sábio corporacionismo, a concorrência somente era possível no que se refere à qualidade: os preços eram marcados pela Câmara, ouvidos os interessados). Pelas interessantes tabelas transcritas pelo Sr. G. Dutra de Morais, não somente podemos ficar conhecendo o estado dos preços na época, como também ter bons detalhes sobre os usos e costumes locais.

Foi, pois, instaurado na América aquele velho espírito municipalista português, as vilas sendo um conjunto de pessoas livres que se governavam a si mesmas. É claro que isso não foi uma originalidade, um privilégio de Minas Gerais. Desde a chegada de Tomé de Souza que existem municípios no Brasil. O peculiar do nosso caso é a generalização, a intensidade da vida municipal. É um fenômeno facilmente observável até hoje. Em despeito de ter sido durante 200 anos o principal núcleo de população no Brasil, nunca possuiu Minas Gerais concentrações urbanas excessivas. A cidade de São Paulo contém quase 20% da população do estado; Belo Horizonte nunca chegou a ser mais do que 3% da de Minas. Quer dizer: a população espalhada em pequenos núcleos urbanos, vilas e arraiais. E tudo numa área relativamente restrita, pois as grandes extensões de campos do Norte e do Oeste e das matas e do Leste não eram praticamente povoadas. Toda a população concentrava-se nas vilas e nos arraiais, todos muito próximos um dos outros, e nas fazendas de agricultura que rodeavam as povoações – que, numa nítida distinção social entre campo e cidade, apresentavam uma íntima interpenetração de interesses econômicos. As povoações comiam o que produziam as fazendas, e estas compravam na cidade os produtos da civilização: sal, panos e ferros. Nas regiões mais agrícolas que mineiras, os arraiais são denominados "o comércio", nascidos que são de antigas vendas, fato bem conhecido e ilustrado a cores em nomes de localidades como Venda Nova. Nas zonas mais próximas da mineração, é costume dizer-se "a rua" para designar a vila ou o arraial. Para mencionar a cabeça do município, dizemos sempre ou "a cidade" ou, então, mencionamos o seu nome, quase sempre precedido pelo artigo.

Desse fato originaram-se algumas consequências dignas de menção especial: o aparecimento do município, isto é, de um conjunto de povoações dispostas em torno de um núcleo central, a cidade, agremiação urbana autodirigida, e a formação no seio do povo de um espírito de compreensão da coisa pública, de interesse pelos destinos da coletividade, de projeção do indivíduo no social e de penetração deste na vida do indivíduo. E os modos do primeiro fazer política ficaram impregnados dos processos derivados e originados desta situação permanente, o municipalismo. O mineiro é intransigente municipalista; sente que o município é verdadeiramente a célula da pátria. Por sinal, que não existe nada tão semelhante a uma célula que um município: o núcleo urbano imerso no protoplasma rural.

★ ★ ★

A democracia, em sua origem, é modo de administração naturalmente municipal. As democracias modernas surgiram na passagem do século XVIII para o XIX por influência das reminiscências clássicas, das repúblicas latinas e gregas e pela ascensão ao mundo da política da classe burguesa, que, como o nome indica, nasceu e cresceu à sombra do regime de franquias das comunas medievais.⁽³⁰⁾ Houve, afinal, uma tentativa em larga escala de aplicação de experiências dos antigos ideais municipalistas na escala maior do governo dos grandes estados centralizados. Foi uma tentativa muito arriscada esta de transformar um país inteiro numa cidade só e de considerar todos os homens cidadãos. E isso escapou à ruína inevitável pelo sistema de composições que é o regime representativo. A cidade governa-se a si mesma; a nação envia representantes para "parlamentar" com o rei sobre os interesses gerais. A democracia moderna teve a sua origem, portanto, nas práticas administrativas das comunas medievais, combinadas com a noção de contrato essencial ao feudalismo e com a concepção do universo social como sendo uma ordem jurídica naturalmente estabelecida por Deus e cuja defesa é a principal missão do estado. Este último pensamento vem tanto de Cícero quanto de Santo Tomaz de Aquino.⁽³¹⁾

As nações ocidentais tiveram origem de uma espécie de federalização das comunas e dos senhores feudais em torno da pessoa do rei. A Europa medieval era organizada quase à moda antiga: cidades autoadministradas isoladas entre si. A situação era muito semelhante à da Grécia antiga e a tendência do movimento comunal era exatamente nessa direção. Ora, aconteceu que havia ainda o feudalismo. O mundo antigo não conheceu jamais o conceito de fidelidade feudal (em todas as culturas existem fases "feudais", isto é, sociedades organizadas na base de pequenos baronatos independentes). A fidelidade do vassalo ao seu senhor é um contrato bilateral baseado na confiança. Acontecia, porém, que não somente senhores individuais poderiam ser vassalos: as vilas e as cidades também. Foi dessa fidelidade a um soberano comum, o rei, que nasceram as nações modernas. Em Minas já existiam, portanto, todos os elementos para a existência de uma consciência política. A Inconfidência Mineira foi uma amostra de como já começara a aparecer o povo brasileiro em Minas. Um povo, e não uma multidão anônima.

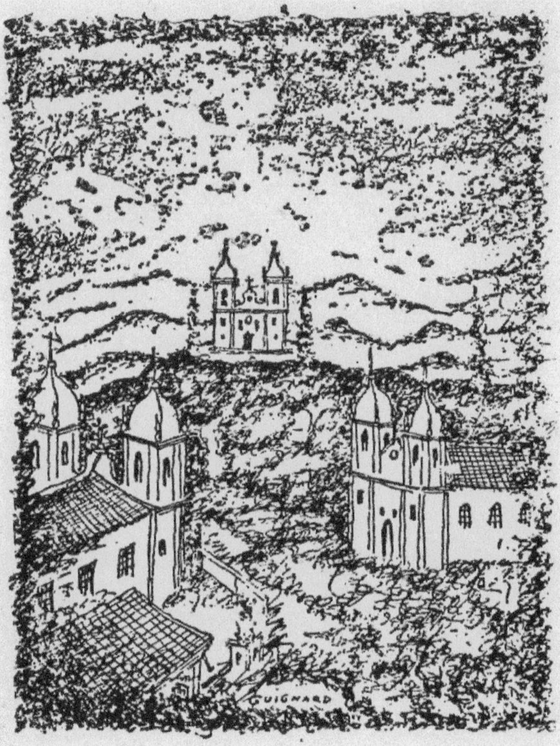
GUIGNARD

CAPÍTULO VIII

A Igreja é de todos os irmãos

Outro elemento fundamental para a formação do espírito urbano do mineiro foi a Igreja. Nas casas-grandes do Norte havia uma dependência destinada à capela e também um capelão, geralmente de família e sempre um membro do "clã". Em Minas, não. A Igreja, construída no alto da colina que dominava o vale onde nascera o arraial (algumas das mais antigas capelas foram construídas no fundo do vale, junto ao córrego aurífero), pertencia a todos. Não era obra de um rico potentado, não era dependência do "clã"; era o centro da vida em comum dos garimpeiros. É claro que, depois de estar a sociedade mais diferenciada, construíram-se tribunas para as donas da nobreza. De qualquer jeito, porém, a Igreja era de todos os irmãos.

Uma das características principais, uma das notas essenciais da sociedade do período histórico que se convencionou chamar de "antigo regime" era a existência de grupos dentro dos quais todos eram irmãos. Fraternidade nascida não somente da igualdade de direitos e deveres; mas de origem religiosa também. Haja vista o caso das corporações de ofícios, que foram das iniciativas mais felizes da humanidade no plano da organização do trabalho e defesa do trabalhador, que, além das mil funções de ordem econômica, social e política que lhes competiam, agiam, além disso, como organismos de finalidade religiosa. Tinham em mira não somente resolver os diversos problemas dos seus sindicalizados no ponto de vista terreno, como também salvar as suas almas.

No Brasil colonial, porém, às antigas divisões profissionais sobrepusera-se uma nova: a de raças. Tínhamos os ofícios como no reino.

Mas tínhamos também brancos, pretos e pardos, o que era essencialmente nosso.

Os nossos maiores pregavam a fraternidade cristã. Sabiam, porém, que esta, no mundo, era muito relativa. Raciocinavam como fazia Mirabeau,[37] criticando a extinção dos títulos nobiliárquicos: um *ci-devant* não faz ninguém deixar de ser marquês ou duque. Distribuíram então as irmandades pelas três raças. Dentro da irmandade cada irmão tinha amigos e sociedade, socorros espirituais e materiais; os que ocupavam cargos de diretoria tinham oportunidade para ganhar prestígio social e desenvolverem as suas qualidades de dominação. Havia ambiente para firmarem-se coletivamente; pertenciam a um grupo importante na vida social.

Ainda não se escreveu a história das irmandades mineiras, e o senhor Rodrigo M. F. de Andrade[38] tem assinalado várias vezes a importância do estudo das inestimáveis fontes que são os arquivos das igrejas mineiras, não somente para o esclarecimento de pontos da história da arte como também da história social.

Com relação à importância das irmandades mineiras para o estudo da arte mineira, basta citar as seguintes palavras do ilustre diretor do Serviço do Patrimônio Histórico e Artístico Nacional no prefácio ao livro do Sr. Zoroastro Passos sobre a Igreja do Carmo de Sabará:

---

[37] N.E.: Honoré Gabriel Victor Riqueti, Conde de Mirabeau (1749-1791), foi político, escritor, jornalista e franco-maçom, considerado um símbolo da eloquência parlamentar na França. Rechaçado pela nobreza, elegeu-se deputado do Terceiro Estado no período revolucionário. Mirabeau é autor de importantes peças de oratória do liberalismo político como *Sobre o veto*, *Sobre o direito de paz e guerra* e *Sobre a bandeira tricolor*. Além dos seus discursos, tornaram-se clássicos os seus livros *Ensaio sobre o despotismo* e *A monarquia prussiana sob Frederico, o Grande*.

[38] N.E.: Rodrigo Melo Franco de Andrade (1898-1969) foi diretor, a convite de Gustavo Capanema, do Serviço (hoje Instituto) do Patrimônio Histórico e Artístico Nacional (SPHAN), desde sua fundação em 1937 até 1967. Melo Franco foi quem indicou Oscar Niemeyer a Juscelino Kubitschek, prefeito de Belo Horizonte, para projetar o novo bairro da Pampulha. Entre as várias correntes de pensamento ligado ao SPHAN, pertencia à que acreditava na universalidade da cultura e da arte, e era contrário ao grupo dos "verde-amarelos" (Plínio Salgado, Cassiano Ricardo e Menotti Del Picchia). Entre suas obras mais importantes, destacam-se *Monumentos históricos e arquitetônicos* (1952) e *Artistas coloniais* (1958).

> Estas obras (as da Igreja do Carmo) que asseguraram aos mestres mineiros setecentistas um destaque excepcional na história da arte em nosso país são devidas, em grande parte, ao espírito de iniciativa e emulação das Ordens Terceiras. Em Vila Rica, no Rio das Mortes e na Vila Real, o zelo religioso e os sentimentos de competição que animavam estas associações católicas conseguiram erigir os monumentos mais valiosos da Capitania.[32]

Em mais de uma ocasião, o senhor Rodrigo de M. F. de Andrade tem afirmado e provado que ao espírito de emulação das Ordens Terceiras devemos os mais belos templos de Minas Gerais. De um modo ou de outro, foram as Ordens que criaram ao Aleijadinho e a Manuel da Costa Ataíde a situação material necessária para o desabrochar de seu gênio. Nas pesquisas dos senhores Zoroastro Passos, sobre a Igreja do Carmo de Sabará, e F. A. Lopes,[39] sobre a de São Francisco de Ouro Preto, foram revelados também exemplos da ação das Ordens Terceiras em planos situados fora do âmbito das coisas religiosas: melhoramentos urbanos, por exemplo. Este lugar de destaque dado às irmandades na história da arte vem de que os melhores monumentos da arte colonial mineira estão nas Igrejas, todas construídas por essas confrarias. O espírito de rígida fiscalização da Metrópole somente tinha uma porta aberta à tolerância: a Igreja. Também sabiam que os mineiros não iriam fazer contrabando em nome de Deus. E até hoje correm lendas sobre as negras que polvilhavam de ouro as carapinhas e mergulhavam a cabeça nas pias de água benta... Ou então sobre os belos sinos mineiros nos quais, no momento de sua fundição, os presentes jogavam objetos de ouro – é justificado por essa origem o seu som agradável.

O aspecto, no nosso caso, mais importante das Ordens Terceiras foi o social. Aos negros recém-vindos da África foi concedido um ambiente favorável e adequado, onde eram homens livres e não sujeitos a outrem e onde escolhiam os seus chefes... Foi à sombra das irmandades que surgiram as primeiras manifestações das inúmeras criações musicais e coreográficas de origem africana e que hoje enriquecem o nosso folclore. É principalmente como instrumentos de ascensão social

---

[39] N.E.: LOPES, Francisco Antônio. *História da construção da igreja do Carmo de Ouro Preto*. Rio de Janeiro: Publicação SPHAN, 1942.

que as Ordens Terceiras coloniais se revelam à atenção do estudioso de nossos problemas.

Devido à concentração urbana da vida mineira e, portanto, ao fato de um número bem grande de pessoas estarem sujeitas ao regime das irmandades,[40] a sua ação teve aqui um alcance maior que em outras partes do Brasil. Em outras regiões, os pretos constituíam uma massa amorfa, sem organização nem defesa. As irmandades contribuíram de modo ímpar para a integração do africano e seus descendentes no seio da civilização cristã, tarefa que foi completada brilhantemente pelo regime corporativo, aplicação, na indústria, do mesmo espírito grupalista do antigo regime.

Graças, portanto, à ação benéfica das Ordens Terceiras, o africano não foi, no Brasil em geral e em Minas muito especialmente, um abandonado, atirado à margem da sociedade, pois encontrou nas suas confrarias de Nossa Senhora do Rosário e das Mercês um ambiente dentro do qual era "alguém". E, do ponto de vista estrito da Igreja Católica, as irmandades, patrocinando festividades extralitúrgicas e mesmo antilitúrgicas, conseguiram integrar no seio da Igreja milhões de almas que, nos Estados Unidos, por exemplo, viviam abandonados de quaisquer socorros espirituais. Interessante verificar é que, depois da Independência e, principalmente, depois da Abolição, as irmandades de pretos e pardos entraram em franca dissolução, porque ninguém mais desejava ser "oficialmente" preto ou mulato... E, com isso, verificou-se

---

[40] N.E.: As irmandades, segundo o modelo associativo dos fiéis difundido no período da reforma tridentina, tinham feição laica, promoviam cultos aos seus patronos (ou invocações), erigiam e ornamentavam suas igrejas e se encarregavam da assistência material e espiritual aos seus membros, incluindo sustentar os rituais mortuários das missas pela alma e do sepultamento. Regidas por estatutos, os *compromissos*, elas dependiam das aprovações régia e eclesiástica. As ordens terceiras, que também se disseminaram nas Minas Gerais, eram associações leigas subordinadas institucional e espiritualmente a uma ordem religiosa determinada (ordem primeira), como a de São Francisco de Assis ou a de Nossa Senhora do Carmo, que confirmavam seus estatutos. A seleção dos irmãos membros (que aceitos recebiam o hábito da ordem e se tornavam professos) era rigorosa, e o valor das anuidades era maior do que nas irmandades. Cf. AGUIAR, Marcos Magalhães de. *Vila Rica dos confrades. A sociabilidade confrarial entre negros e mulatos no século XVIII*. Dissertação (Mestrado em História). São Paulo: Faculdade de Filosofia, Letras e Ciências Humanas/ Universidade de São Paulo, 1993, p. 7-20.

a volta do elemento africano aos seus cultos bárbaros, a transformação de festividades religiosas (a do Senhor do Bonfim, na Bahia, por exemplo) em qualquer coisa, de tudo, menos de catolicismo. A esse desinteresse dos descendentes de africanos por suas irmandades devemos somar esta *prise de conscience* da Igreja Católica que é o movimento litúrgico. A situação tornou-se esta: a Igreja, não admitindo formas de sincretismo e os costumes, não querendo nem ouvir falar em distinções de cor e de raças, as irmandades de homens de cor desapareceram.

Ainda com relação às funções sociais das Ordens Terceiras devemos recordar a construção dos hospitais pelas confrarias da Misericórdia, Nossa Senhora das Dores e similares, os colégios do Caraça e Macaúbas, o recolhimento da Piedade, etc. E, principalmente, a fundação de núcleos de povoação de origem religiosa, tais como Congonhas do Campo e Bom Jesus do Matozinhos (em Conceição do Serro). São cidades de origem religiosa, fundadas por irmandades e mantidas por jubileus.

A existência das Ordens Terceiras, as suas contribuições para a vida artística (aqui devemos mencionar, além da escultura e da arquitetura, bem conhecidas, o teatro, pois os reisados e congadas devem ser incluídos neste gênero; não lhes chama "danças dramáticas" o Sr. Mário de Andrade, a nossa principal autoridade na questão?) não é um fenômeno tipicamente mineiro. Em Recife, na Bahia, no Rio, em São Paulo poderíamos encontrar manifestações dessa espécie. Mas, dizendo Recife, não podemos dizer Pernambuco e, dizendo Bahia, dizemos apenas S. Salvador. Ao passo que, aqui, como já foi possível assinalar com relação às Câmaras, não teremos necessidade de exemplificar: tanto faz São João del-Rei como Ouro Preto. A população das Minas achava-se concentrada em povoações urbanas, declaradamente urbanas, rodeadas do "município", isto é, de uma franja de povoação rural, dependente econômica e politicamente da cidade.

A urbanização crescente da sociedade mineira e o poderio cada vez maior das irmandades podem ser verificados na evolução do estilo das igrejas, num movimento de três fases principais, que o Sr. Miram de Barros Latiff denominou com muita propriedade missionário-jesuítico, barroco-mineiro e neotradicionalistas.

À primeira fase correspondeu, ao período inicial, igrejas simples, construídas pelo esforço anônimo dos faiscadores, sem maiores preocupações de gesto e arte. Tal não se deu, porém, na segunda fase, a principal, e que foi a de criação de um estilo original, originado do emprego de materiais novos, atividade de artistas locais e aparecimento de um novo espírito. Essa fase foi também um presente das irmandades, ao serviço das quais trabalharam então os grandes mestres da escultura e da arquitetura colonial. Na terceira, que para o Sr. Miran de Barros Latiff foi uma reação do governo português aos sentimentos nativistas, foi maior a contribuição de mestres portugueses.

Eis o que diz a respeito o Sr. Latiff:

> A repressão ao nativismo é severa. No Rio de Janeiro o novo vice-rei, o Conde de Rezende, anda atento e ameaçador. Malogra-se assim, nas Minas Gerais, o tímido desabrochar de uma arte brasileira, de um barroquismo nativista, em que São Miguel Arcanjo já se mostrara com a profusão de penas de um cacique índio e em que as Virgens e os anjinhos murilescos de Ataíde, em têmperas de tonalidades vivas, já fogem ao formalismo das figuras de uma velha Bíblia, deixando transparecer no intumescimento dos lábios, no roliço e no moreno das carnes, as fácies do mestiço...
>
> Os reinões protestam contra estes "barbarismos" em suas igrejas, percebendo nele insubmissão política. No fim do século XVIII e começo do XIX as novas igrejas que surgem, ou as renovações trazidas às antigas fachadas, procuram, com severidade de um estilo mais tradicional, acalmar estas turbulências de imaginação.
>
> Em paralelo ao nativismo, personificado no Aleijadinho, o espírito reinol, entretanto, sempre se esforçou por construir "corretamente". As plantas que vinham de Portugal eram desnaturadas na execução sem que desaparecessem, entretanto, os traços primordiais do décimo oitavo português. A ingenuidade popular quebrava apenas, com um certo sabor primitivo, as arestas vivas do formalismo erudito.
>
> A reação contra o brasileirismo artístico culmina no fim do século com a Igreja do Rosário, em Ouro Preto. Embora muito barroca em suas formas abauladas, nos pináculos de coroamento, etc., denota uma certa severidade tradicional. Essa tendência ao classicismo é inexplicável num cenário de montanhas convulsas e entre uma população sexualmente inquieta. [...] Brutalizando o nativismo, o espírito tradicionalista dos reinóis impõe um terceiro e último período artístico.

> Refreia-se a fantasia dos construtores. A própria pedra-sabão tende a ser abolida das esculturas, como matéria proibida, de uso subversivo...
>
> Erigidas aos poucos, sem continuidade, as igrejas mineiras passam pelas mesmas vicissitudes que a população, vivendo em sobressaltos, nem sempre são inteiramente completadas.[33]

Seria uma reação ao nativismo, como faz supor esse historiador? Seria uma espécie de "movimento litúrgico" de D. Maria I, desejosa de dar uma afeição mais de acordo às igrejas da Colônia? Seria simplesmente uma decadência das irmandades entregando-se, mais e mais, ao controle do governo?

Temos a impressão de que essas hipóteses são todas parcelas da verdade. Assim, é natural que depois da Inconfidência aumentasse a ação fiscalizadora da Metrópole em todos os setores. Além disso, o empobrecimento das irmandades colocou-as numa dependência econômica muito grande com relação ao Erário. Finalmente, temos a Rainha. Todo o movimento das irmandades, sua organização, suas despesas, as plantas das igrejas, tudo dependia do *placet* régio com o padroado, tendo o rei de Portugal se transformado numa espécie de Papa. Ora, no século XVIII foram três os reis de Portugal: D. João V, D. José e D. Maria I. O primeiro, tendo reinado até 1750, presidiu ao período de formação. A eclosão da cultura mineira verificou-se durante os dois últimos reinados. Quem se der ao trabalho de percorrer as coleções do Arquivo Público Mineiro procurando dados sobre história da arte em Minas colonial encontrar-se-á, ao atingir o reinado de D. Maria, diante de uma pletora de códices tratando de questões relativas à vida religiosa do povo. A Rainha devota facilitava tudo, contanto que a Colônia revelasse igual catolicismo... Isso quer dizer que à rainha, tão maltratada pelos historiadores antigos, devemos esta homenagem: suas preocupações religiosas foram elemento decisivo para o reconhecimento e proteção das irmandades da Colônia, e, *ipso fato*, de arte mineira.

Consequência interessante dessa ação social das irmandades, já mencionada, é o fato observado por alguns pesquisadores de não estarem hoje as religiões distribuídas segundo as classes nas regiões tipicamente mineiras. Onde não houve essa ação incorporadora das irmandades, a luta religiosa é uma forma da luta de classes. Em Minas, não. Ou melhor, nas "Minas", pois fora do ambiente criado pela mineração, a coisa já é diferente. Ora, sabemos que foi principalmente nas regiões mineiras que as irmandades tiveram maior proliferação. Dentro de suas irmandades, com os seus santos pretos (o Rosário dado por Nossa Senhora a São Benedito...), os negros tinham uma adequada educação religiosa e entravam definitivamente para o seio da Igreja, que lhes dava todo o conforto moral necessário, inclusive diversões. Ainda, mais, muito cedo começaram a aparecer os padres de cor (o maior dos prelados mineiros antigos, bispo ainda no Império, foi D. Silvério, quase preto). Desde a Colônia, os pretos sabiam que a religião tanto era para eles como para os brancos. Cada um com sua igreja; mas ninguém impedindo que a dos pretos fosse mais bonita (da mesma forma que as grandes ordens religiosas canalizaram os temperamentos diversos, evitando heresias, as irmandades evitaram a luta de classes no plano religioso).

CAPÍTULO IX

Onde encontramos o *homo faber*

As cidades medievais foram palco de uma das grandes revoluções da história. Foi entre as suas muralhas e à sombra de suas catedrais que surgiu o trabalhador manual livre. Na Hélade imortal e na Roma invencível, o manejar as ferramentas, o transformar a matéria inerte em objeto útil era trabalho de escravo. O próprio Aristóteles foi levado a defender a escravidão para libertar os sábios da humilhação do trabalho manual. E, na Idade Média, coexistindo com o cavaleiro, também desestimando o trabalho manual e os valores econômicos, apareceram com as corporações de ofícios as profissões mecânicas, consideradas como ocupação digna. Digam o que disserem aqueles que consideram de seu dever diminuir o entusiasmo que as corporações despertaram nos que ali foram buscar remédios para os males do capitalismo, o que ninguém poderá jamais negar é que elas contribuíram de modo insofismável para a constituição de uma nobreza do trabalho manual. Considerando o oficial mecânico "alguém" dentro da sociedade, considerando o grupo a que ele pertence como sendo uma "ordem" igual às demais e exigindo provas reais ou fictícias de competência, a organização corporativa criou a burguesia, a classe média, uma classe cujos componentes viviam de seu trabalho e sentiam-se honrados com isso. A dignidade do trabalho economicamente útil e seu valor humano são duas conquistas pertencentes ao legado que nos deixou a Idade Média e, sejam quais forem as vicissitudes por que venham a passar as concepções dos homens relativamente às relações do trabalho, essa herança medieval é um valor positivo que não pode ser desprezado. Antes, dever ser defendido com todas as forças.

Portugal que, graças à ação decisiva de seus reis, principalmente os grandes soberanos da dinastia de Aviz, soube aproveitar, com muito êxito, as sugestões do regime corporativo, foi uma nação tipicamente de classe média. A nobreza ou exercia funções oficiais, de caráter militar, principalmente, ou não passava de um grupo de modestos proprietários. Talvez melhor devêssemos defini-la como sendo uma classe de pequenos proprietários rurais que, ao haver disso necessidade, pegavam em armas para a guerra. Para melhor confirmação desse ponto de vista, é bastante assinalar um certo número de exemplos típicos. A forma essencialmente portuguesa da propriedade territorial é a "quinta", que não é um latifúndio. Além disso, a fidalguia portuguesa praticamente não possuía castelos fortes. Todas as fortalezas eram del-rei e seus chefes, alcaides apenas. Nunca houve em Portugal senhor que pudesse ombrear-se com o estado. A única tentativa séria nesse sentido foi a do Duque de Bragança, cujas pretensões D. João II soube por paradeiro rápida e sangrentamente. Aliás, o trágico e quixotesco D. Afonso, "o africano", foi o único dos reis de Portugal a proteger a nobreza. Finalmente, temos a apologia irrestrita que os historiadores liberais, naturalmente insuspeitos, fazem da vida municipal da Idade Média portuguesa, a citar Alexandre Herculano,[41] o príncipe deles.

Ora, a corporação de ofício foi transportada ao Brasil com todos os detalhes.

> É possível procurar nas regras firmadas no regimento dos oficiais mecânicos, e compiladas pelo licenciado Duarte Nunes Leão, em 1572, a mais longínqua origem das normas utilizadas no Brasil colonial, tendo, aliás, sempre em vista que se perduravam graças à sua força tradicional os fundamentos técnicos (mesmo estes alterados pelas necessidades, condições materiais locais e outros fatores), as

---

[41] N.E.: O escritor e pesquisador português Alexandre Herculano de Carvalho Araújo (1810-1877) desenvolveu várias atividades intelectuais como o curso de Diplomática (na época, estudos de paleografia), além do estudo de várias línguas. Membro da Academia Real das Ciências de Lisboa, foi nomeado Guarda-mor da Torre do Tombo, organizando a publicação dos *Portugaliae Monumenta Historica*. Participou nos trabalhos de redação do Código Civil de Portugal e, juntamente com Almeida Garrett, é considerado o introdutor do romantismo no seu país, com destaque para o romance histórico, inspirado provavelmente pelas obras de Walter Scott e de Victor Hugo.

demais prescrições de caráter econômico e social sofreram modificações muito mais profundas.⁽³⁴⁾

E as vilas mineiras foram organizadas na base tradicional.

O senhor Salomão de Vasconcelos, um dos poucos autores de pesquisas rigorosas nesse setor, importantíssimo, publicou na Revista do Serviço do Patrimônio Histórico e Artístico Nacional, nº IV, um substancioso estudo sobre os ofícios mecânicos em Vila Rica durante o século XVIII. Foi apenas Vila Rica o município estudado. Mas por aí se poderá verificar, por um exemplo concreto, o que teria sido realmente a coisa. Também traz alguma contribuição para essa questão o material divulgado pelo Sr. Geraldo Dutra de Morais no seu bem feito ensaio sobre Conceição do Mato Dentro. Continuo repetindo: é muito pouco. A persistência até hoje da nomenclatura corporativa, em inúmeras profissões, a obediência inconsciente de muitas das prescrições dos regulamentos seculares, como se eles não tivessem sido abolidos em 1824, e outros dados mais estão gritando que essa influência foi enorme.

Infelizmente, como disse, os dados são poucos.

Aproveitando o que há, volvamos ao trabalho do Sr. Salomão de Vasconcelos.

Pode ter estudado um campo reduzido; mas aprofundou bastante. Depois de dizer ter manuseado quase todos os livros que pudessem interessar à questão, conclui:

> Houve três processos de exercício nos ofícios mecânicos, no tempo da Colônia em Vila Rica: o do trabalho livre, no começo da vida municipal, até mais ou menos 1725, o das licenças com fiador, por tempo que variava entre seis meses e um ano; e o das licenças, mediante exame prévio dos candidatos e expedição das respectivas cartas de habilitação, estas, porém, em pequeno número, conforme adiante se verá. Porque, apesar das Câmaras elegerem, anualmente, os juízes de ofícios, encarregados dos exames e sem embargo ainda dos constantes editais, convidando os interessados a virem se submeter aos exames, poucos a isso correspondiam. De sorte que prevaleceu de preferência o abuso da simples licença com fiador e por prazo limitado. Os exames, como se vê a cada passo, no correr dos livros, eram mais tolerados pelos sapateiros, alfaiates e ferreiros. Desses encontram-se nos livros muitos termos de exames e cartas expedidas.

Também verificamos que, dos pintores e entalhadores eram exigidos os exames, pois só encontramos uma carta de pintor e de entalhador, dourador e ofícios correlatos, nenhuma.[35]

Em seguida, esse autor estende-se por longas páginas, reproduzindo atas de Câmaras, lista de oficiais, relações de obras arrematadas e outros documentos também de muito valor para a apreciação da vida dos oficiais mecânicos de Vila Rica. Assim, temos um edital sobre exames de ofícios, exigindo a prestação das provas legais de competência, para evitar obras imperfeitas, requerimentos de profissionais pedindo exames para trabalhar e outras...

Nas listas apresentadas pelo Sr. Salomão de Vasconcelos aparecem nomes ilustres: Manuel Francisco Lisboa, Antônio Francisco Pombal, Luiz Fernandes Calheiros e outros. Um fato a anotar: são comuns os casos de oficiais já possuidores de cartas de licença passadas no Reino e que apenas pediram ratificação e revalidação. Isso mostra que eram muitos os artífices portugueses que passavam às Minas. Eram, não há dúvida, usuais os casos de mulatos e pretos forros trabalhando como oficiais. A maioria, em certos ofícios pelo menos, vinha do Reino. Muitos oficiais e mestres tinham escravos para auxiliá-los em trabalhos pesados, transportes de ferramentas, de materiais, etc.; o exercício da profissão, entretanto, não era entregue a escravos. Contra isso combatia não somente a consciência de classe dos demais oficiais, como também o amor ao bem público do Senado da Câmara, que não deixaria jamais fosse abastardado o trabalho.

O senhor Geraldo Dutra de Morais, no seu livro sobre Conceição do Mato Dentro, já citado, traz material bem interessante sobre os ofícios na Vila do Príncipe. Ficamos sabendo, por exemplo, que, em 1755, os alfaiates deviam cobrar dez oitavas por um "vestido" (?) para homem, de lã ou torçal, e (agora para mulheres) o mais caro era um vestido caseado de ouro ou prata que custava seis oitavas. Um sapateiro cobrava sete oitavas por um par de botas pespontadas, os ferradores, um e meio para ferrar cavalo macho ou mula, um carapina, ¾ por dia de serviço, o mesmo para pedreiro. O mais caro que o pedreiro podia cobrar era um e meio por uma alavanca sem o ferro.[36]

Em Minas, como na Idade Média, a adoção do regime corporativo teve consequências civilizadoras extraordinárias. Dessas podemos assinar como a mais importante o possibilitar, pela preparação de oficiais adequados e bem enfronhados nas técnicas europeias, a criação de uma atividade artística e técnica mais ou menos original. Muitos autores já tiveram ocasião de assinalar o fato de que desde remotos tempos eram utilizados nas diversas formas de artesanato aqui existentes matéria-prima nativa e motivos não europeus. Ora, nenhum regime comparável ao corporativo para a adequada preparação do oficial.

Além desse valor de instrumento para o progresso técnico, temos que os ofícios mecânicos constituíram uma ótima oportunidade para a ascensão social do mestiço. Davam-lhes posição social definida, dinheiro e proteção. A esse respeito muitos resultados, e resultados excelentes, poderão advir de uma pesquisa cuidadosa a respeito das orgias étnicas dos componentes das corporações.

Finalmente, lançaram as bases para a formação de uma classe média independente, constituída por homens que viviam do seu trabalho, que não deviam satisfação senão à autoridade pública e que se sabiam possuidores de direitos reconhecidos e proclamados por leis que datavam de vários séculos.

Legalmente durou pouco esse regime. A Constituição de 1824, imitando a Revolução Francesa, proibiu as corporações. Mas essas subsistiram como situação de fato (conheci uma régua de alfaiate, oferecida faz uns 15 ou 20 anos, "ao mestre fulano por seus oficiais e aprendizes")...

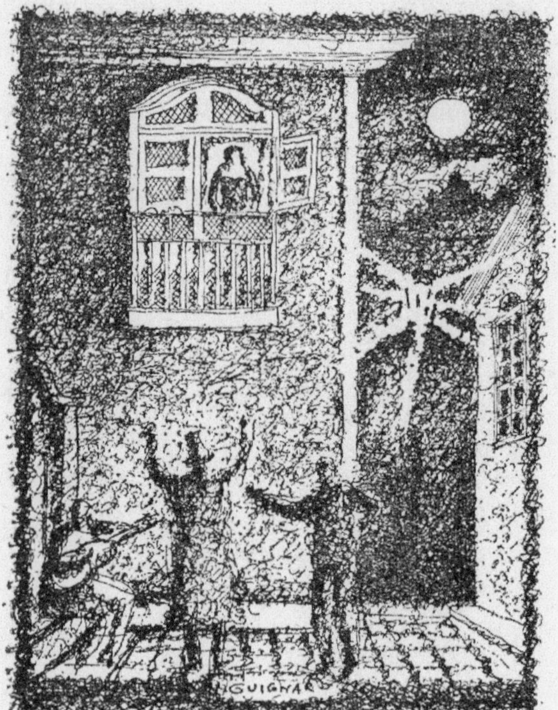

CAPÍTULO X

O amor nas Minas, as raças e a vida social

Os quadros traçados por Gilberto Freyre para a caracterização da vida de família no Brasil colonial são hoje clássicos. Poucas modificações podemos fazer no que se refere à vida rural: o complexo "casa-grande e senzala" eminentemente rural, latifundiário, escravocrata. Ora, nas Minas, se houve o escravo, o latifúndio era em profundidade e a casa era o sobrado urbano, apesar de estar próxima à fazenda. O amor nas Minas seria diferente. Mais europeu e citadino; mais próximo do que seria futuramente no Império. É claro que sempre houve a senzala e todas as consequências derivadas: miscigenação, mãe preta, moleque de casa-grande, etc. Há mesmo um ditado dizendo que somente o mineiro que levasse consigo uma negra mina teria sorte na mineração.

Cronologicamente, houve no princípio uma fase caótica, de "promiscuidade primitiva". Depois, com a estabilização da vida e a ação de presença de personagens de corte, funcionários, magistrados e outras pessoas civilizadas, verificou-se um começo de urbanização das relações sociais. Tomaz Gonzaga faz versos para a sua Marília como se estivessem em Lisboa – e o alto lirismo que Bárbara Heliodora inspira ao marido mostra-nos que estamos bem longe do patriarcado despótico das zonas rurais.

A convivência urbana influiu dos seguintes modos, que são os principais, no que se refere à vida de família nas Minas: melhor posição da mulher na sociedade, transformação dos mestiços em classe média urbana, lirismo nas relações amorosas e importância destacada da viúva. Mesmo nas seções mais semelhantes à vida rural, como no caso das senzalas, as consequências foram outras: os mestiços se libertaram dos senhores.

Em geral, houve nas Minas supervalorização da mulher. Inicialmente temos que, ao contrário de outros ciclos da vida brasileira, não houve crise de mulher branca senão na fase inicial. Era comum o fato de trazerem os funcionários da Coroa, ou os imigrantes posteriores aos meados do século XVIII, as suas famílias para as Minas. Há no Arquivo Público Mineiro enorme quantidade de documentos relacionados com licenças de viagens ao Reino ou do Reino, para cá, com constantes referências à família portuguesa. É claro que essa presença da mulher branca originou logo a existência de clãs endógamos cerrados. Porque, afinal, não eram tantas assim as mulheres brancas, apesar de seu número ser razoavelmente proporcional ao dos homens. Quer dizer: havia um certo número de núcleos de famílias de origem europeia flutuando sobre a multidão das pessoas de cor.

Na fase inicial do século, como se disse, a mestiçagem campeou livremente e os preconceitos relativamente aos casamentos misturados eram privilégio das pessoas de sobrado que "não tinham injúria de mulatos". A classe média operária, mesmo europeia, mestiçava-se à vontade, situação que perdurou longo tempo (Manoel Francisco Lisboa, pai de Antônio Francisco, o famoso Aleijadinho, era português; seu filho, mestiço).

Os operários, os homens humildes e de cor, moravam nas casas de um andar só, térreas (que não eram mocambos, aqui não cabendo a distinção de Gilberto Freyre). Não eram sobrados; mas eram casas limpas, de paredes brancas de cal, cobertas de telhas, muitas vezes com o chão forrado de tijolos – sempre impecavelmente limpos, pelas mãos cuidadoras de suas moradoras, que, manejando vassouras do mato, obtinham resultados surpreendentes. As camas são do tipo jirau, e nas janelas há um pano atravessado na parte inferior, escondendo pudicamente o interior. Em tudo reina a maior ordem, o asseio o mais rigoroso, não faltando, no que se refere aos arranjos domésticos, as toalhas de papel recortado. Principalmente se há sangue mina nas veias da família.

Se vemos nas vilas mineiras muitos mendigos, quase todos são originados de condições orgânicas deficientes, são todos casos individuais; não de uma situação social de miséria. Relativamente aos exemplos de populações marginais, esses grupos de cafuas próximos das cidades, onde um número nem sempre muito grande de famílias vive na mais extrema das misérias, tudo indica serem restos destas tribos negras mais primitivas (e que para cá vieram "por engano") e que nunca puderam ser civilizadas.

Alguns dos mestiços coloniais fizeram carreira e chegaram a ombrear com os brancos (isso sem contar os que, como o Aleijadinho, foram líderes dentro das suas profissões manuais). Devido, porém, aos preconceitos endógamos correntes nos grandes clãs, não sustentaram por muito tempo a primazia. Foram a casos individuais; não fundaram dinastias. Haja vista o caso do famoso Capitão Tomé, de Itabira, que para Eschewege era o mulato mais rico do mundo e de cuja família ficaram os famosos versos: "O Capitão Tomé é ouro só", "Os netos dele, molambo só"...

Uma outra consequência da forma urbana da vida nas Minas foi o estabelecimento (logo após a fase anárquica dos primeiros anos) de uma distinção muito nítida entre a família legal e a ilegal. Todas as consequências apontadas por Gilberto Freyre, com relação à vida sexual nos meios escravocratas, verificaram-se aqui, com a diferença, porém, que os bastardos, em geral, saíam da casa paterna e iam ser alguém na cidade. Era coisa tolerada; mas havia ar de ilegalidade. E, enquanto os componentes dos grandes clãs procuravam a todo o transe conservar a pureza de seu sangue, os seus rebentos *mixed blood* iam aumentar a lista dos oficiais mecânicos. Iam ser trabalhadores livres na cidade.

A população das cidades mineiras dividia-se em três grandes classes:

a) Os brancos (nunca muito puros, é claro), gente de sobrado, agrupada nos grandes clãs, dona das minas, muitas vezes com fazendas fora da cidade e com lojas debaixo do sobrado, onde fazia um animado comércio. Essa classe tomava a si o governo das Câmaras e recebia mercês del-rei. Apesar de sua vida em cidade, de terem comércio e indústria, os senhores das minas possuíam um certo ar de nobreza. Talvez que por influência dos costumes cortesãos e por suas relações com a fidalguia paulista. Mas era uma nobreza urbana, qualquer coisa como os patrícios romanos ou os *signori* das repúblicas italianas. Isso com a sobriedade de um burguês da Liga Hanseática.

b) A classe média, constituída pelos brancos não senhores (poucos), dos mestiços (muitíssimos) e dos pretos livres, que se dedicavam aos trabalhos manuais, ao pequeno comércio e a outras atividades análogas.

c) Finalmente, os pretos escravos, grande massa proletária.

Apesar de baseadas em alguns elementos difíceis de serem dominados e superados, essas distinções não faziam barreiras instransponíveis, nem eram castas. Ninguém pode, por exemplo, passar de negro a branco. Uma família, porém, o pode em uma ou duas gerações. A passagem da classe *c* para a *b* era normal e dependia, apenas, de um pouco de sorte, de capacidade para o trabalho e outras circunstâncias individuais. O que mais difícil se tornava era a entrada nos grandes clãs, bem fechados que eram. Sempre havia uma brecha, porém.

Deve ser assinalado, a propósito, que ramos pobres e decadentes socialmente dos grandes clãs não se desprendiam da árvore e tratavam o parente poderoso como irmão.

O que tornava a entrada nas grandes famílias um problema difícil eram os preconceitos de cor e não a riqueza e o poder. Ora, não existem maiores obstáculos às revoluções que os sentimentos e as ideias que lhes são contrários.

A cor, entretanto, não era obstáculo à riqueza e ao poder. Assim, já em dias do I Reinado, temos no grupo dos líderes da fundação de Itabira, junto do Capitão João Francisco, de *pedigree* bandeirante, do Major Paulo, um emboaba típico, o já citado Capitão Tomé. Com a diferença, porém, que a descendência deste último não conseguiu manter o estatuto de nobreza quando sobreveio a decadência econômica. Ainda a respeito das alterações trazidas pela concentração urbana à situação das pessoas de cor e ao problema da mistura de raças, existem dois exemplos conhecidos a fundo por todos, mas que são ilustrações admiráveis: o Chico Rei e a Chica da Silva.

O primeiro caso mostra-nos, além de um exemplo da ação civilizadora e humanitária das irmandades, que a situação dos negros nas Minas não era das piores. Era visivelmente melhor do que nas zonas rurais, pois havia a possibilidade da libertação por seus próprios meios. Inegavelmente, é uma coisa extraordinária toda uma tribo alforriar-se a si mesma, com dinheiro obtido pelo próprio trabalho. Além disso, em determinadas ocasiões, podia o preto tirar o ouro para si.

Quanto à famosa mulata de Diamantina, basta recordar que gozou largo tempo de um grande prestígio social, renovando em Minas a posição privilegiada, o luxo, o prestígio social das cortesãs do Renascimento. Aliás, é um aspecto fundamental da vida urbana a supervalorização da cortesã, da hetaira. Nas zonas rurais, tal não seria possível.

Quer pela mestiçagem em larga escala produzida na fase inicial de promiscuidade, quer pelas possibilidades de ascensão social e de vida em comum na fase da vida organizada, a situação das pessoas de cor era, nas Minas, bem melhor que em outras regiões, como vimos. O que definia muito bem a situação era o fato de que nas fazendas e nos engenhos nada mais havia que a massa de escravos em frente do senhor único. Nas vilas, os escravos de senhores diferentes e os pretos livres encontravam-se e organizavam-se à sombra da Igreja e sob a proteção do estado. Se estavam na dependência dos brancos, viam que os seus senhores também tinham que prestar obediência aos representantes del-rei, o que não se dava no campo. E havia sempre o estímulo, a tentação dos pretos que se haviam tornado livres... É claro que havia o trabalho nas minas, tão embrutecedor, tão estafante como o nas lavouras. Nas horas de folga, porém, os pretos tinham pontos de reunião, onde não conheciam superiores que os escolhidos por eles.

Não quero dizer, com isso, que fosse paradisíaca a situação do negro em Minas. Aplicava-se ao nosso caso a *Divina Comédia* racial do Brasil: inferno dos pretos, purgatórios dos brancos e paraíso dos mulatos e mulatas (a Chica da Silva, em lugar de destaque)...

Tanto não era boa a situação que tivemos as terríveis rebeliões negras, muitas delas fracassando pela delação de pretos oriundos de tribos inimigas (a mesma inimizade que em África, explorada pelos negreiros, os reduzira à escravidão). Tenho para mim que foi essa situação moral relativamente melhor que deu ensejo às revoltas de negros nas Minas. Só se revolta quem tem consciência de seus direitos e de que esses direitos estão sendo espoliados. Tanto que uma dessas revoluções não teve outro escopo que a constitucionalização das Minas. Ao menos é o que diz o Sr. João Dornas Filho, conhecedor da questão:

> Na Capitania de Minas, onde a mineração reunia grande número de escravos negros, as insurreições eram frequentes e, já em 1759, Bartolomeu Bueno do Prado, à frente de quatrocentos homens, investia contra vários quilombos na zona do Campo Grande,

comarca do Rio das Mortes, fazendo avultado número de mortos e prisioneiros. Eram esses quilombos remanescentes do que em 1746 Gomes Freire de Andrada mandara dizimar impiedosamente pelos bandeirantes paulistas.

Com a expulsão dos jesuítas em 1759, dois ignacioanos, os padres Caturra e Custódio Coelho Duarte... fugiram para o Oeste de Minas e fundaram a aldeia de Sant'Ana do Rio das Velhas, constituída de índios e escravos fugidos, governada pelo preto Ambrósio, donde lhe veio o nome de Quilombo do Ambrósio. Era o antigo quilombo do Tengo-Tengo.

Levavam a existência característica desses aglomerados, plantando para o sustento e saqueando a vizinhança. Em todo o caso, os seus habitantes índios foram catequizados pelos padres, que lhes ensinaram a doutrina e a língua geral – o tupi. Aos negros, como sempre aconteceu em todos os quilombos de população mista, coube ensinar-lhes o português, língua que os jesuítas não gostavam de difundir entre os índios... A sua destruição, como a de vários outros, o do Carvalho, por exemplo, coube a Bartolomeu Bueno do Prado, que investiu sobre o ouro de Goiás no século XVIII.

Antes, porém, desde 1719, tentaram os pretos de Minas várias insurreições, e a delação oportuna evitara acontecimentos mais graves. O plano de todas era um só, nas suas linhas gerais: aguardariam a Semana Santa, quando as fazendas se despovoavam para as solenidades litúrgicas, e em dia e hora previamente ajustados cairiam de surpresa sobre as povoações, aprisionando os senhores e as autoridades e organizando governo próprio. A de 1719 estalaria na noite de Quinta Feira Santa e estava ramificada por toda a Capitania (Rio das Mortes, Furquim, Ouro Branco, São Bartolomeu, Ouro Preto, etc.), como se lê as *Instruções para o Governo da Capitania das Minas Gerais*, dadas a João Teixeira Coelho, em 1780.

A de 15 de abril de 1756, também, malograda, obedecia a este plano: enquanto os brancos visitavam despreocupados as igrejas, atacariam as cidades, matando todos os brancos e mulatos, com exceção apenas das mulheres. Nessa, já estavam indicados os nomes das pessoas que assumiram o governo da província.

A mais série delas, porém, a que exigiu repressão na qual colaboraram todos os mineiros, foi a de 1820, curiosíssimo levante que tinha caráter absolutamente novo no Brasil: era constitucional. Influência do juramento da Constituição portuguesa, verificado nesse ano...

Os pretos das lavagens do ouro de Guaracaba (Guaracicaba), Santa Rita, Canta Galo e de Saraguá (Sabará?) e auxiliados por um fazendeiro muito rico, também preto, nas margens do Rio das Mortes, reunidos no Fanado, fizeram proclamar a Constituição em todas as margens do Abaeté, em Tapuias e Araguaia, unindo-se a estes parte das hordas selvagens de guerreiros, que habitam nas suas ribeiras. Não obstante, houve forte combate ente os pretos do Arraial de Santa Bárbara, Freguesia do Infiuccionado e habitantes da Paraibuna, onde os pretos são civilizados. O chefe dessa rebelião, o preto Argoim, era, como se leu, homem de muitos haveres. Administrador, além disso, segundo o papel que vimos seguindo, de todas as lavagens de Carolina e Jequitinhonha.

Poucos dias depois do levante, já se haviam reunidos nas imediações de Ouro Preto 15.000 negros e 6.000 na paróquia de São João do Morro. E o mais grave é que se lhe agregaram os dois regimentos de cavalaria Auxiliar da Comarca de Serro Frio.

Era enorme o entusiasmo pela Constituição que lhes acenava com a liberdade imediata. Matavam sem compaixão os que, sendo pretos, não os seguiam. Diz o documento que muitas centenas deles "acharam-se mortos na serra das Esmeraldas, na estrada da Cruz da Chapada e nos campos da paróquia da Água Suja.

É bem característica a proclamação dirigida por Argoim aos pretos da Capitania: "Em Portugal proclamou a Constituição que nos iguala aos brancos: esta mesma Constituição jurou-se aqui no Brasil. Morte ou Constituição decretemos contra pretos e brancos: morte aos que nos oprimiram – pretos miseráveis! Vede a vossa escravidão: já sois livres. No campo da hora derramai a última gota de sangue pela Constituição que fizeram os nossos irmãos em Portugal!"

Seria uma guerra de morte aos inimigos da Constituição, se os sucessos da Independência não viessem anestesiar os entusiasmos dos pretos, que, segundo relata o papel que viemos estudando, "já não querem escravidão, nem cadeias, nem opressão: desejam ser como os brancos, iguais em direito". Ostentavam distintivos nas roupas, possuíam bandeiras e falavam orgulhosos em liberdade e igualdade de direitos. "Esta é a voz que se ouve em Caeté, Pitangui, Tamanduá, Queluz, Santa Maria de Baependi, onde todos são constitucionais." Em Paracatu, mil negros unidos aos habitantes da vila fizeram regozijo público; mas a reação surgiu logo... Ficou de tudo, porém, um consolo para o cronista: "Em 30 de junho, toda a província de Minas era constitucional, revolução devida aos pretos e cuja glória durará tanto quanto essa Província esclarecida".

Deixando a política de lado, volvamos à mulher e ao amor.

Todos sabem que a valorização da mulata é parte integrante da vida amorosa brasileira. Mas, devido à situação urbana da sociedade mineira, a coisa tomou um aspeto muito especial. Num engenho, onde os negros eram parte da família, não era possível que ninguém viesse a cobrir de joias e fazer disparates por uma Chica da Silva, por mais bela que fosse. A atividade "fecundadora" dos fazendeiros nas senzalas tinha o seu quê de animalidade, de bestialidade natural e não os requintes de vida cortesã da cidade, como no caso da famosa mestiça diamantinense. Chica da Silva não era uma fêmea dócil e sim uma hábil sacerdotisa de Vênus. Havia requintes de civilização urbana, como na Antiguidade, na Renascença, no *Grand Siécle*.

A respeito do estado dos costumes em Vila Rica e da presença da *Venus fusca* até nos palácios, o nosso sempre maldizente Critilo faz edificantes descrições:

> Apenas, Doroteu, a noite chega,
> Ninguém andar já pode, sem cautela
> Nos sujos corredores de palácio.
>
> Uns batem com os peitos noutros peitos;
> Outros quebram as testas noutras testas;
> Qual leva um encontrão, que o vira em roda;
> E qual, por defender, a cara, fura,
> Com os dedos que estende, incautos olhos.
> Aqui se quebra a porta e ninguém ouve fala,
>
> Ali range a couceira e soa a chave;
> Este anda de mansinho, aquele corre;
> Um grita que o pisaram, outro inquire
> "Quem é?" a um vulto que lhe não responde.
>
> Não temas, Doroteu, que não é nada,
> Não são ladrões que ofendam, são donzelas
> Que buscam aos devotos, que costumam
> Fazer, de quando em quando, a sua esmola.
> Chegam-se, enfim, as horas, em que o sono
> Estende, na cidade, as negras asas,

> Em cima dos viventes espremendo
> Viçosas dormideiras. Tudo fica
> Em profundo silêncio, só a casa,
> A casa aonde habita o grande chefe,
> Parece Doroteu, que vem abaixo,
> ...

Depois de descrever um batuque, prossegue Critilo:

> O dança venturosa! Tu entravas
> Nas humildes choupanas, onde as negras,
> Aonde as vis mulatas, apertando
> Por baixo do bandulho a larga cinta
> Te honravam, com os marotos e brejeiros,
> Batendo sobre o chão o pé descalço
> Agora já consegues ter entrada
> Nas casas mais honestas e palácios!
>
> A! tu, famoso chefe, dás exemplo.
> Tu já, tu já batucas, escondido
> Debaixo dos teus tetos, com a moça
> Que furtou, ao senhor, o teu Ribério!
> Tu também já batucas sobre a sala
> Da formosa comadre, quando o pode
> A borracha função do santo entrudo.[37]

Houve, também, Chica da Silva para o povo. O mineiro branco, pobre, não tendo elemento para morar em sobrado e entrar nos clãs, vivendo de ofícios mecânicos ou sendo soldado (classe média, de boa origem) resolvia o seu problema pelo concubinato, pois um resto de preconceito impedia-o de casar legalmente com mulheres de cor.

No que toca às relações amorosas com a donzela branca, o regime foi de franco lirismo, como no caso de Marília. Persistiu o isolamento das mulheres no fundo dos gineceus, à moda ibérica. Elas, porém, não estavam atrás das muralhas dos engenhos distantes dos povoados. Os castelos das donzelas davam janelas para a rua. E daí nasceram serenatas, elemento essencial da vida amorosa nas Minas Gerais. Não sendo possível aos amados um encontro de forma pouco mais concreta, a música servia de veículo à paixão do enamorado trovador. A donzela recebia a declaração sonora, através dos rendilhados das gelosias, e sonhava entre os lençóis. O rapaz em troca tinha apenas a suposição de ter sido ouvido, quando não tinha uma resposta concreta e desagradável do pai da beldade. Às vezes havia algo de mais definido e menos platônico. Correm lendas meio pícaras e meio burlescas de galãs que se utilizaram de subterfúgios complicadíssimos para atingir o quarto da amada, passando pela janela. Assim é o caso do "gigante" de Santa Luzia do Rio das Velhas, um indivíduo que se utilizava de longas pernas de pau para confundir os transeuntes que encontra pelas ruas e para servir de escada.

Não há uma cidade em que não exista um caso, pelo menos, nesse gênero.

Se Marília inspirou o poeta, sua irmã teve amores que nada tinham de lírico. Apesar de existirem pais que ensinavam às filhas ler e não a escrever, para evitar correspondência amorosa, apesar de serem os casamentos feitos muitas vezes à revelia dos principais interessados, a situação da mulher em Minas era relativamente melhor que em outras partes. Basta dizer que havia uma relativa vida social; nas corridas de argolinhas, por exemplo, elas podiam namorar publicamente.

Um fenômeno curioso é o papel que representou a viúva na história social de Minas. Casadas muito jovens com homens bem maduros e aos quais tinham que tratar por "senhor", um belo dia assumiam a responsabilidade da família. E a reação era inevitável. Quase sempre demonstravam uma reserva de energia, uma capacidade de lutar verdadeiramente surpreendente. Ninguém desconhece a famosa Joaquina de Pompéu, que se tornou lendária. Foi chefe política de grande prestígio, armando exércitos para as lutas do I Reinado.

Talvez esse fenômeno não fosse especificamente mineiro e predominou, principalmente, nas zonas rurais próximas aos centros de mineração. Margaret Mitchell[42] e o cinema tornaram popular a figura de Scarlett O' Hara, uma fútil mocinha que, ao ver a família arruinada, tornara-se capaz de tudo. Essa atitude foi reproduzida no Brasil sem

---

[42] N.E.: Do livro original de Margaret Mitchell, o portentoso filme *E o vento levou* (1939), produzido por David O. Selznick, concebeu uma imagem romântica do passado americano, em um contexto internacional tenso com a emergência da Segunda Guerra Mundial. A figura da heroína Scarlett O'Hara, representante dos sulistas confederados e dos escravocratas, nos quadros da Guerra Civil Americana (1861-1865), pareceu emblemática do povo americano, para a sua suposta capacidade de liderança mundial.

o conteúdo dramático do romance, pois foram lutas econômicas em plena paz. Sei de várias viúvas destas que, no dia 13 de maio de 1888, se declararam republicanas. Os seus filhos e demais homens da família, se eram monarquistas (o que acontecia geralmente) permaneciam tais, alegando não ser justo colocar os interesses particulares acima dos nacionais. Se houvesse lutas e guerras, no tempo da abolição, teríamos a reprodução das cenas dramáticas do romance americano.

Várias causas poderiam ser apontadas para explicar esse diferente comportamento do homem e da mulher com relação a certos problemas sociais e políticos. Pondo de parte os sentimentos diferentes do homem e da mulher relativamente ao escravo, fato suficientemente conhecido e estudado, tomemos a coisa sob um ponto de vista mais geral. Os homens, vivendo em contato com outras pessoas e com as autoridades, imiscuindo-se de certo modo na vida política da Colônia e entregando-se a ela completamente durante o Império, acabaram por ficar possuindo um sentido mais humano e social das relações entre pessoas. A mulher, vivendo mais junto a terra, trazendo sobre os ombros a responsabilidade da administração da casa, não podia ver senão os interesses da família. No Brasil, em geral, as mulheres são mais conservadoras do que os homens. Pode ser que haja alguma influência do bandeirantismo: o homem saía a descobrir pedras, e a mulher ficava tomando conta da casa. Numa atitude tipicamente Scarlett O' Hara, as mulheres paulistas bateram a porta na cara dos maridos derrotados na Guerra dos Emboabas...

★ ★ ★

A palavra "economia" vem de *oikos* – casa –, e na divisão dos trabalhos pelos sexos entre os primitivos coube à mulher a agricultura e a vida econômica; e ao homem, a luta e a caça. Também nas Minas esse processo de divisão de trabalho influiu um pouco. Coube à mulher a economia e a administração da casa; e ao homem, a política.

CAPÍTULO XI

Na fazenda é diferente

Os habitantes das Minas Gerais conheceram bem cedo a triste experiência de Creso: ouro não serve para comer. Os primeiros anos de colonização foram assinalados por carestias devastadoras. Faltava tudo nas Minas, e como importar, com as distâncias enormes, sendo poucos os caminhos, além disso, maus e sem policiamento? Os arredores das cidades foram, então, sendo povoados de fazendas, geralmente situadas nas áreas de colinas arredondadas que separam os maciços azuis das montanhas uns dos outros. São terras razoavelmente férteis, pois as rochas foram deixadas para trás; as colinas são sempre verdes e de encostas suaves, boa a aguada, a inclinação do terreno facilitando o aproveitamento da força hidráulica. Uma parte dessas fazendas devemos à ação dos boiadeiros baianos que subiram o São Francisco, gente naturalmente agrícola e que nas zonas de mistura de cultura adaptou-se à vida dos mineiros, conservando, porém, a sua feição agrária. Em muitos casos, porém, o mineiro possuía a sua fazenda, como o Rei dos Emboabas – Manoel Nunes Viana.

A existência de fazendas nos arredores das vilas veio trazer uma nova contribuição para a cultura nascida entre o homem e a montanha: a presença muito próxima do campo.

Esse fato veio dar uma feição muito curiosa ao município mineiro, que ficou constituído de um núcleo povoado em torno do qual se arredondava a massa protoplasmática da zona rural. Eram, e são (do ponto de vista social), relativamente incertos os limites municipais: é uma linha indecisa. Em conjunto, porém, as fazendas todas são dependências do núcleo urbano – município ou distrito. Tudo como na célula: não há limite exato e circunscrito. Mas o protoplasma é algo definido.

Durante séculos, pela falta de comunicações, mais de oitenta por cento da vida econômica mineira tinha por campo as relações internas das células. O pouco que não era produto da vila era comprado na vila. O pouco que não era vendido na vila era exportado por intermédio da vila.

A origem dos fazendeiros era meio compósita. Tanto havia os de origem emboaba como paulistas e baianos. Os baianos e paulistas de reconhecidas tendências agrícolas. Só o emboaba era citadino.

É um fato, perfeitamente sabido e assentado, o caráter escravocrata e latifundiário de nossa agricultura. Poucos autores, porém, conseguiram tratar dessa questão com tanta segurança como o Sr. Caio Prado Júnior em seu monumental estudo sobre a formação do Brasil contemporâneo. A questão da agricultura, em geral, e o caso mineiro, em particular, foi de tal modo esgotada pelo douto historiador paulista que nada mais há que lhe reproduzir as palavras:

> Na agricultura, o elemento fundamental será a grande propriedade monocultural trabalhada por escravos. Esse tipo de organização agrária, que corresponde à exploração agrícola em larga escala, em oposição à pequena exploração do tipo camponês, não resulta de uma simples escolha, alternativa eleita entre outras que se apresentavam à colonização... Dando à organização econômica da Colônia essa solução, a colonização portuguesa foi estritamente levada pelas circunstâncias em que se processou e sofreu as contingências fatais criadas pelo conjunto das condições internas e externas que acompanham a obra aqui realizada por ela. A grande exploração agrária... é a consequência natural de tal conjunto: o caráter tropical da terra, os objetivos que animam os colonizadores, as condições gerais dessa nova ordem econômica do mundo que se inaugura com as grandes descobertas ultramarinas e na qual a Europa temperada figurará no centro de um vasto sistema que se estende para os trópicos, a fim de ir buscar neles os gêneros que aquele centro reclamara e que só eles lhe podem fornecer. São esses, em última análise, os fatores que vão determinar a estrutura agrária do Brasil colonial. Os três caracteres apresentados – a grande propriedade, monocultura, trabalho escravo – são formas que se combinam e se

completam e derivam diretamente como consequência necessária daqueles fatores.⁽³⁸⁾

Depois de mostrar que não foi esse um fenômeno exclusivamente brasileiro, continua o Sr. Prado Júnior:

> A monocultura acompanha necessariamente a grande propriedade; os dois fatores são correlatos e derivam das mesmas causas. A agricultura tropical tem por objetivo único a produção em larga escala de certos gêneros de grande valor comercial e por isso altamente lucrativos. Não é com outro fim que se enceta, e não fossem tais as perspectivas certamente não seria tentada e logo pereceria. É fatal, portanto, que todos os esforços sejam canalizados para aquela produção; mesmo porque o sistema de grande propriedade, trabalhada por mão de obra interior, como é regra nos trópicos, não pode ser empregada numa exploração diversificada e de alto nível técnico.

E acrescenta: "Com a grande propriedade monocultural, instala-se no Brasil o trabalho de escravo". Mais adiante: "... e estes três elementos se conjugam num sistema típico, a grande exploração rural, isto é, a reunião numa mesma *unidade produtora*, de grande número de indivíduos. É isso que constitui a célula fundamental da economia agrária brasileira".

Segundo a tese do Sr. Caio Prado Jr., pois o nosso sistema de trabalho agrário deriva do fato de produzirmos para consumidores europeus, situação que praticamente ainda perdura. Como consequência disso tudo, a fazenda e o engenho ficaram sendo organismos econômicos completos. Eram outros microcosmos; bastavam-se a si mesmos. Tornou-se como consequência de sua situação econômica um pequeno núcleo povoado (a casa grande, a senzala, os engenhos e demais dependências), rodeado de enorme protoplasma, constituído pelas plantações de café. Essas culturas exigiam muita terra, primeiro por serem feitas em grande escala, segundo porque tudo devia ser feito pelos métodos os mais rudimentares. A consequência desse isolamento do senhor no meio do latifúndio foi o espírito do clã, o individualismo senhoril e feudal.

Em Minas a situação foi atenuada pela proximidade da vila. Eis o que diz o mesmo Caio Prado Jr.:

> Este tipo de agricultura, de subsistência autônoma, isto é, separada dos domínios da grande lavoura, especializada em seu ramo,

encontrava-se também em proporções apreciáveis em Minas Gerais. A maioria da população dos distritos mineradores, e é ainda ao alvorecer do século XIX, apesar da decadência da mineração, ocupava-se ali da extração do ouro e diamante, que, ao contrário da grande lavoura, não permite este desdobramento de atividades que encontramos nesta última e que torna possível aos indivíduos nela ocupados dedicarem-se simultaneamente a culturas alimentares de subsistência. O trabalho das minas é mais contínuo e ocupa inteiramente a mão de obra nela empregada. Sobre esse aspecto as populações mineradoras se assemelham às urbanas [são declaradamente urbanas]. Tal fato provocou em Minas Gerais, mais densamente povoada que outros centros de extração do ouro, o desenvolvimento de certa forma apreciável de uma agricultura voltada inteiramente para a produção de gêneros de consumo local. Desenvolvimento tão acentuado que chegou a causar alarmes na administração metropolitana e seus delegados, que, fascinados pelo metal e pelas pedras que começavam a escassear, viam nessa atividade agrícola uma das causas do declínio da mineração e dos rendimentos do sacrossanto Real Erário. A proximidade de importante núcleo de povoamento no litoral veio reforçar a situação... E é aí que encontramos fazendas unicamente ocupadas com a produção de consumo interno.[39]

Outro aspecto importante da vida rural mineira é a pecuária, até hoje de importância essencial para a vida econômica do estado. Vamos dar de nova a palavra ao Sr. Caio Prado Júnior, que teve o mérito todo especial de assinalar com destaque a pecuária da Comarca do Rio das Mortes.

> O que caracteriza essa região [diz o autor de *Formação do Brasil contemporâneo*], em confronto com os sertões do Nordeste, é, em primeiro lugar, a abundância de água. Rios volumosos, como o Rio Grande e seus principais afluentes, Mortes, Sapucaí, Verde, ramificados todos numa densa rede de cursos d'água, todos, ao contrário dos do Nordeste, perenes, uma pluviosidade razoável e bem distribuída, fazem dessa região, em oposição à outra, uma área de terras férteis e bem aparelhadas pela natureza para as indústrias rurais. Se bem que o relevo aí seja mais desigual, grandemente recortado que é de serras quase sempre ásperas e de difícil trânsito, o que sobra e se estende em terrenos apenas ondulados é largamente suficiente para o cômodo estabelecimento do homem. A vegetação

também o favorece, particularmente para os fins de pecuária. A densa mata que cobre a serra a Leste e Sul e que vem desde o litoral interrompe-se nessas altitudes, que oscilam em torno dos mil metros, e dá lugar a capões apenas que se refugiam nos fundos úmidos, deixando os altos descobertos, com uma vegetação herbosa que dá boa forragem. Como se vê, reúne-se nesse Sul de Minas um conjunto de circunstâncias muito favoráveis à criação do gado. Esta pecuária mineira, contemporânea da mineração, acabou tendo a seu cargo o abastecimento de Minas, Rio e São Paulo.

Dispondo de condições naturais tão mais propícias e tão diversas do sertão nordestino, a pecuária em Minas Gerais também adotará padrões diferentes. O que logo chama a atenção... é a superioridade manifesta das condições técnicas... A vivenda não é a construção tosca e primitiva, coberta de palha de carnaubeira que vimos ao Norte; mas tem, pelo contrário, um certo apuro que faz St. Hilaire compará-las às herdades de sua pátria. O mesmo se dá com os currais; sem contar a leiteria, que forma uma dependência própria, pois, ao contrário do sertão, o leite é aproveitado comercialmente. Mas a grande e maior diferença, porque daí resulta um sistema de criação inteiramente diverso, está num pequeno detalhe: o emprego de obras divisórias, tanto externas, dividindo a fazenda de suas vizinhas, como internas, separando-a em partes distintas. Empregam-se cercas de pau a pique, que as matas abundantes fornecem em quantidade suficiente... Usam-se também "valos", e ocasionalmente muros de pedras... Esta providência de cercar propriedades e pastos... tem uma influência considerável: ela reduz de muito a necessidade de vigilância do gado contra extravios e permite aproveitar melhor o trabalho em outros serviços... As tarefas das fazendas mineiras, reveladoras de uma técnica superior às congêneres do Norte, são também mais numerosas e complexas. Cuida-se dos pastos com mais atenção; não que se formem com espécies apropriadas e selecionadas, que isso ainda se desconhece no Brasil... nem que se dispense e substitua o processo brutal da "queimada", também universal na Colônia.

Depois de assinalar várias superioridades técnicas da pecuária mineira, prossegue o Sr. C. Prado Júnior:

> Outra característica da pecuária mineira está no regime do trabalho e no tipo de organização social que ela dá origem. O trabalhador é aí escravo, e livres na fazenda são apenas o proprietário e sua família. Efeito provável de uma sedentariedade maior das ocupações, em

confronto com a do Nordeste, e mais compatíveis com o trabalho do africano. Efeito também do nível econômico superior da pecuária sul-mineira, o que lhe permite o emprego de mais capital. O proprietário e sua família participam, aliás ativamente, do manejo da fazenda, e não se conhecem ali fazendeiros absenteístas. A presença de escravos, portanto, não aristocratizou o criador sul-mineiro; e a pecuária traz ali, ao contrário da grande lavoura e da mineração, uma colaboração mais íntima de proprietários e trabalhadores, aproximando as classes por um trabalhador comum. Aqueles não se furtam a atividades que em outros lugares seriam reputadas indignas e deprimentes...

Esse tipo de vida e relações mais democráticas é geral no Sul de Minas; não apenas na pecuária, mas na agricultura local, que, como vimos atrás, tem alguma importância. Terão concorrido para isso muitas causas; uma, contudo, parece se destacar. É que estamos numa região mineradora, onde a extração do ouro sempre ocupou as melhores atenções. É a indústria por excelência da Capitania. Relegam-se assim os elementos mais modestos para outras atividades de segunda ordem; coisa, aliás, que se verifica, também, nas zonas de grande lavoura. O que se dá em Minas... é que... por circunstâncias especiais... tomem vulto essas explorações e adquiram certa importância... E daí vermos grandes proprietários, legítimos fazendeiros, senhores de numerosa escravaria, descerem do pedestal em que se colocam os demais privilegiados da Colônia – senhores de engenho e mineradores.

Como consequência dessa situação, Caio Prado Júnior assinala ainda uma rudeza maior de costumes, o que, segundo ele, não se verifica nas zonas de mineração, onde os costumes são mais civilizados.

Se a proximidade das fazendas influiu consideravelmente na vida das cidades, estas exerceram uma ação de controle e limitação relativamente à vida da fazenda. O fazendeiro não é um insulado, como no Norte, uma altitude no meio da planície, sabe que na cidade próxima existem outros senhores, seus iguais.

E se, na Idade Média, campo e cidade tinham existências paralelas, mandando seus representantes às Cortes gerais em ramos separados, nobreza e burguesia, em Minas, principalmente depois da Independência, as fazendas e as cidades começaram a fazer política em comum. Todos colaboravam no governo da cidade, todos se reuniam na cidade para escolher aqueles que os iriam representar junto ao rei.

CAPÍTULO XII

Grandeza e decadência do espírito provinciano

Uma das causas essenciais de começar-se uma forma de civilização é, em geral, a fixação ao solo; o nômade é essencialmente primitivo, mesmo que tenha elaborado ou adotado um certo número de práticas civilizadas. Essa ideia, com outras palavras, está em Splenger,[43] que, porém, não assinalou uma coisa: agricultura é naturalmente matriarcal, é um produto feminino. Foi a mulher que firmou o homem ao solo, vencendo o nomadismo primitivo e permitindo que nascesse a vida civilizada, a cultura. A cultura do solo e a "cultura" nasceram juntas. A história somente pôde começar depois que as mulheres enraizaram a civilização na terra maternal e fecundadora, permitindo a vida em família, as ocupações sedentárias, a tranquilidade material e os lazeres fecundos. As mulheres e os lavradores ficaram, por isso, firmemente enraizados no solo, numa imobilidade vegetal, e preferem a solidez frugal da lavoura aos azares das lutas.

Foi, porém, o aparecimento do comércio e da fundação da cidade que deu origem à política (de *polis*) e à história. Foram as atividades errantes do comerciante e do guerreiro que provocaram o início do progresso, que é criação de novas formas. A terra é a mesma, e as

---

[43] N.E.: Oswald Splenger (1880-1936), filósofo alemão conhecido, sobretudo, pela sua obra de estudo da filosofia da história, *O Declínio do Ocidente* (1918-1922), em dois volumes. Apesar da grande recepção desse livro, sobretudo, no período entre as guerras, ele não contou com a crítica favorável de filósofos e sociólogos como Karl Popper e Max Weber, devido aos problemas metodológicos e erros inclusive factuais.

estações seguem o mesmo curso; é necessário perseverar no mesmo ritmo, conservar a mesma forma de viver, para que a agricultura possa prosperar. O agricultor, além disso, não conhece vizinhos nem iguais e praticamente não sabe o que é a concorrência. Produz uma determinada quantidade e vende o que exceder de seu consumo. Depende mais da terra, do sol, da chuva, do vento, das geadas, dos animais do que dos homens, ente os quais ele mesmo (a vida vegetal é submetida irremediavelmente à situação telúrica).

Já o animal, o guerreiro e o comerciante são obrigados a sair de casa para resolver os seus problemas; dependem muito mais do acaso, de suas próprias forças e do comportamento dos outros seres do que da natureza. O animal tem que procurar a presa, lutar com ela e devorá-la. O comerciante tem que procurar o freguês, lutar com ele e devorá-lo. O guerreiro tem que procurar o inimigo, lutar com ele e devorá-lo.

As cidades nasceram de portos, pontes, fortalezas, residências reais e mercados. Existem cidades de origem religiosa; essas foram fundadas pelo homem: o homem e a mulher, o lavrador e o guerreiro, o comerciante e o mendigo, todos, quando a natureza e as suas forças falham, quando chegam as ocasiões supremas em que os próprios fundamentos do ser estão em jogo, apelam então para as forças superiores, para o princípio de toda a realidade.

E temos a cidade, grande campo de batalha, em perpétuo movimento, onde surgem a todos os momentos novas formas de ser e de pensar, onde a vontade de poder do indivíduo encontra constantemente novos motivos de ação e novos temas de trabalho e onde se faz a história, isto é, o movimento evolutivo de novas estruturas sociais.

Agora, o campo não é um zero, uma quantidade negativa (ou, se o fosse, seria um zero à direita, isto é, uma nova classe de unidades). É a terra que fornece o seio fecundo para alimentação das cidades, é o campo que fornece o sangue para as guerras e para o comércio... Toda a história não seria senão um bracejar no vácuo, não seria senão uma luta de doidos contra moinhos, se não houvesse a ida segura, firme e sólida do agricultor. Ninguém se lembrou ainda de escrever um romance fantástico narrando o desaparecimento do globo terrestre, de uma hora para outra, conservando-se, por acaso, a atmosfera e os homens. Que seria dessa gente boiando sobre o vazio sem fundo, sem saber onde seria embaixo e onde seria em cima? Se nós chamamos a Terra o planeta em que habitamos e "terra" o lugar onde plantamos, é porque o seu significado real é o mesmo... E se a história é feita pela cidade, ela somente se torna um dado inteligível se pensamos a cidade em função do campo. Da mesma forma que a célula somente pode ser compreendida em função das relações entre o protoplasma e o núcleo, a história da civilização depende das relações entre o campo e a cidade.

São de três tipos essas relações: em primeiro lugar, o campo sem a cidade, depois o equilíbrio e, finalmente, o desequilíbrio a favor da cidade, a esterilização e a morte (há, na fase intermediária, duas variantes: campo com cidade e cidade rodeada pelo campo).

Quando no Brasil falamos em província e espírito provinciano, pensamos numa realidade constituída pelo campo com cidade.

Ora, Minas sempre foi uma província. A urbanização que temos assinalado várias vezes no decurso deste trabalho é que prova isso, pois sem núcleos urbanos em contrastes com o campo não há província, nem coisa nenhuma. Como já disse, a história nasce das relações e da vida em comum da cidade e do campo. Por isso, nas cidades mineiras sempre apareceram figuras de fazendeiros e de "camaradas" cuja presença mostrava a proximidade do campo, para o qual retornavam levando ideias e costumes da cidade, depois de ali ter deixado marcas de sua passagem. E, nas ocasiões soleníssimas, Semana Santa, eleições, júris, o homem do campo acorria em massa à cidade onde havia o comércio, onde estava a lei e morava o governo e onde eram pagos os impostos. Os fazendeiros mais ricos tinham casa na cidade e alguns dos citadinos tinham chácaras e sítios nos arredores. Nas cavalhadas, tão populares nos séculos passados, os fazendeiros brilhavam por melhores cavaleiros.

A importância da cidade era, em Minas, principalmente política; era ali que se realizavam as eleições. Ora, no Brasil, ao contrário da Idade Média, o campo e as cidades escolhiam em comum os seus representantes. E toda a política nacional (pois essa situação não é apenas mineira) sempre esteve em função do equilíbrio entre estes dois "braços" da nação. Somente que, aqui, equilíbrio não é sinônimo de meio geométrico. Assim como o centro de gravidade não está senão muito raramente no centro geométrico de um corpo, e o "meio" de Aristóteles, aquele onde está a virtude, não está senão muito raramente também equidistante dos dois extremos (em geral mais próximo do "excesso" que do "defeito"), o centro de equilíbrio da política é determinado pela influência maior do elemento mais ponderado, o espírito rural, conservador, pausado, austero e moralmente frugal, em oposição ao espírito inquieto e comercial da cidade.

A lei do Império estava a favor do homem rural: o *censo*, marcando um nível de fortuna mínimo para o exercício do voto, colocava a maioria dos fazendeiros em situação política melhor do que a maioria dos homens da cidade (uns de parco rendimento; dos mais ricos muitos eram portugueses), e a eleição indireta favorecendo mais aos que já possuíam eleitorado firme que aos obrigados a lutar para ter os votos incertos dos homens da cidade, pois ali existe maior percentagem de alfabetizados. Todos os historiadores brasileiros estão concordes em reconhecer a lei da eleição direta como sendo o golpe de morte desfechado sobre a influência política dos chefes de clãs rurais. Influência que nunca deixou de existir ilegalmente, através da importância eleitoral dos "coronéis".[40]

Nelson Werneck Sodré[44] estuda com muito cuidado e sob vários aspectos esse grave problema da circulação das elites políticas brasileiras, e que consistiu na tomada do poder pelos letrados e bacharéis da cidade, em detrimento dos fazendeiros que a controlavam incontestes desde a Independência.

Sendo um fenômeno político, devemos atribuir-lhe causas políticas, e dessas ocupa lugar de destaque a lei da eleição direta. Isso, aliás, é uma das teses centrais do *Panorama do Segundo Império*, em que esta questão vem estudada por todos os lados. Há mesmo um capítulo

---

[44] N.E.: Nelson Werneck Sodré (1912-1999), historiador, crítico literário, memorialista e general do Exército, é um dos mais conhecidos pensadores da história brasileira. Influenciou gerações com seus livros e centros de análise, como o Instituto Superior de Estudos Brasileiros (ISEB). Perseguido pelo golpe de 1964, dedicou-se aos livros. De formação marxista, escreveu mais de 50 obras, entre elas *História militar do Brasil*, *História da imprensa no Brasil*, *Formação histórica do Brasil*, *História da burguesia brasileira*, *Panorama do segundo império* e *O que se deve ler para conhecer o Brasil*.

– "Representação das oligarquias" – destinado exclusivamente ao estudo dessa questão.

Minas Gerais foi um dos últimos redutos do espírito provinciano; podemos dizer que é o último desses redutos. Uma das causas dessa permanência de Minas como província até hoje foi – sem contar o isolamento geográfico – o deslocamento dos centros de interesse da vida econômica durante o século passado, de modo a não haver nunca excesso de concentração urbana. Primeiro, ainda no século XVIII, os ciclos tangentes do ouro e dos diamantes. No século XIX surgiu o ciclo do café, localizado em regiões diferentes, de modo a provocar um desvio das correntes imigratórias. Também o ciclo do couro, com diminuição ou aumento da importância conforme o tempo, localizou-se ainda em outras regiões. Isso sem contar os ciclos semi-industriais dos tecidos, dos laticínios e outros. Se marcássemos num mapa os ciclos econômicos da história mineira, raramente estes coincidiriam plenamente no tempo e no espaço. Como consequência disso, a população sempre se achou derramada pelo mapa, os centros urbanos nunca deixando de ser núcleos de células cujo protoplasma é o campo... Uma intensificação, pela distância e pelo relevo do solo, das dificuldades de comunicação acentuaria o isolamento e impediria que as águas se misturassem. Porque, mais do que a lei Saraiva,[45] mais do que o 13 de Maio, mais do que imigração, fatos que foram talvez mais efeitos do que causas na transformação do espírito provinciano, a sua história prende-se à das comunicações e ao problema da supressão e eliminação das distâncias. Não que as estradas de ferro fossem prejudiciais aos interesses econômicos e políticos dos barões de engenho e cafezal. Mas nem somente fardos e sacos viajam de trem. Ideias também. E gente... Por isso, uma das consequências mais importantes das facilidades de intercomunicação entre os homens é que as ideias europeias, ideias

---

[45] N.E.: A Lei Saraiva (decreto nº 3.029, de 9 de janeiro de 1881, que teve como redator final o deputado Rui Barbosa), tem sua denominação devida a José Antônio Saraiva, ministro do Império brasileiro, responsável pela primeira reforma eleitoral do país e que, instituiu critérios para eleições diretas para todos os cargos eletivos. Essa lei deu direito aos não católicos de serem eleitos, desde que possuíssem renda não inferior a duzentos mil réis, e proibiu o voto dos analfabetos, o que reduziu ainda mais o número de eleitores (isto é, de cidadãos).

de toda a sorte, boas e más, sobre política e sobre modas de senhoras, começaram a penetrar a fundo em nossa estrutura política e social, o que, em si, abstratamente falando, não é um mal e pode ser até um bem. A questão era a velocidade e a quantidade...

As ideias novas nunca haviam deixado de penetrar nas Minas. Isso mesmo durante a Colônia, com todas as proibições absolutistas contra as ideias do *aufklaerung*, que andavam provocando revoluções na França. Os Inconfidentes liam Adam Smith, livro que mal saíra dos prelos. Todo o pessoal da Independência, a começar por Cayrú, andava às voltas com os economistas e filósofos ingleses do século XVIII, esses extraordinários fundadores da economia política liberal ou economia política, simplesmente, e com os mais ferozes revolucionários franceses. Era uma gente em dia com as novidades do tempo e com as novidades as mais subversivas. Por que, então, estas ideias iriam fazer mal, se antes foram benéficas? Já disse: a espécie de veículo, a sua velocidade e a massa transportada. Nos últimos anos do Império, os jornais da Corte eram levados a todos os cantos do país, conduzindo em suas páginas todas as ideias, boas e más, do tempo, tudo em cambulhada. Antes, eram sólidos juristas que vinham da Província, saturados de latim, de "Ordenações", de canonistas, de *Corpus juris*, de espírito coimbrão e de alguma filosofia moderna bem revolucionária. Tudo isso bem digerido e solidamente plantado. Eram sujeitos dotados de grave bom senso, conhecendo a fundo a multiplicidade irracional da realidade nacional, mantendo fundas ligações com o passado e sabendo com o outro que "o progresso é o desenvolvimento da ordem"... Já os rapazes que escreviam nas gazetas do Rio, muito lidos em coisas modernas (que nem sempre era o que havia de melhor), pensando em francês e não em português clássico, com profundo desprezo pelas complicações alógicas e ajurídicas da vida nacional, querendo a todo o pano que o Brasil fosse civilizado à força, fizeram o equilíbrio romper-se em seu favor.

E por que motivo esses repórteres, que desejavam que o Brasil fosse governado segundo as belas ideias do século (que nem sempre vinham muito ao caso), passaram a dominar?

Inicialmente, devemos não nos esquecer de que os homens se governam pelas ideias, muito mais pelas ideias do que pelos fatos.

Somente eram situações extremas alguma revolução é feita por outros motivos que não os ideológicos. Geralmente procuramos olhar o lado racional (ou, ao menos, o lado aparentemente racional) de uma ideia do que o seu valor prático. O homem é muito mais programático do que pragmático.

Ora, a política imperial orientava-se principalmente no sentido da unidade nacional pela centralização política e administrativa, pois era necessário lutar contra o caráter dispersivo de nossa geografia, ao sabor da qual sempre andaram os estadistas coloniais.[41] Essa centralização tornou-se um fato quando a melhoria das comunicações colocou o Brasil muito perto do Rio e o Rio muito perto da Europa. A melhoria das comunicações e o aumento sempre crescente da importância da capital semieuropeia colocava, a pouco e pouco, os homens do interior sob a dependência mental dos citadinos.

Outros fatores que contribuíram para a decadência do espírito provinciano foram a Abolição – que, forçando a crise da lavoura, fez os ex-escravos e os ex-senhores emigrarem para as cidades – e a imigração europeia, que veio revirar de *fonde en comble* a nossa sociedade rural. A importância maior, porém, cabe às comunicações mais fáceis, que conseguiram abrir grandes brechas nas muralhas constituídas pelas montanhas que isolam as Minas do mar. E as ideias novas passaram a vir em cambulhada, elaboradas por inteligências vivendo nas grandes cidades e não por outros mineiros...

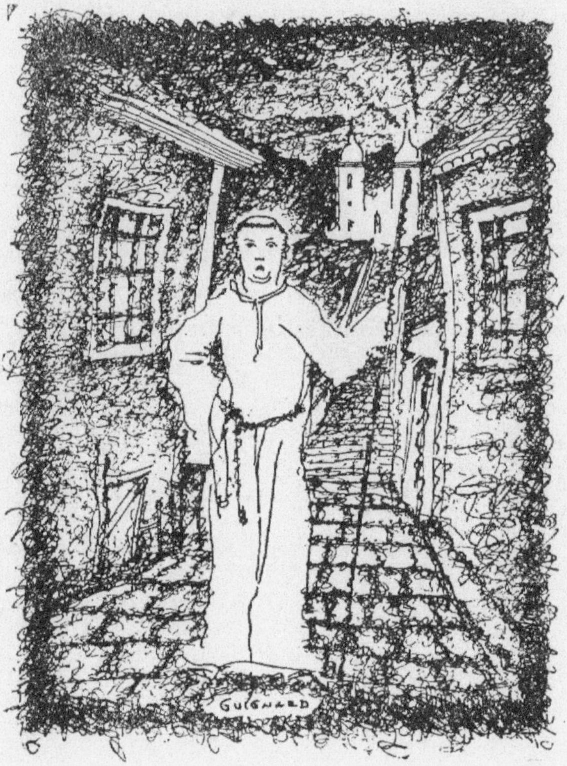
GUIGNARD

CAPÍTULO XIII

À sombra do *poverello*

Para que possamos conhecer e bem compreender a estrutura social e os processos peculiares de transformação por que passa uma cultura, é necessário o estudo da qualidade dos fatores espirituais que entraram em sua formação. A sociologia do saber é parte integrante de uma sociologia em geral. E, como capítulo importante dessa sociologia do saber, temos o estudo das repercussões sociais da atividade religiosa do povo, a religião sendo uma das três formas que toma a atividade espiritual do homem na tríplice divisão de Max Scheler em sua já clássica *Sociologia do saber*.

Ora, tendo sido do século XVIII o que deu forma e nascimento à "cultura" de Minas Gerais, os desenvolvimentos posteriores outra função não tendo tido que a de ampliar e atualizar o que ficara definitivamente plantado na terra montanhosa das "Minas Gerais", para uma adequada análise das formas de ser religioso do mineiro temos que olhar a maneira pela qual se fez a "colonização" religiosa do nosso povo e durante o *rush* das minerações.

Para resolver essa questão, veio em nosso auxílio um erudito franciscano do Convento de Santo Antônio do Rio, frei Basílio Roewer,[46]

---

[46] N.E.: O frei alemão Basílio Röwer (1877-1958), do Convento de Santo Antônio, Rio de Janeiro, escreveu sobre a atuação dos franciscanos no Brasil, especialmente na sua Província do Sul. Entre seus livros, menciona-se: *Páginas de História Franciscana no Brasil; esboço histórico de todos os conventos e hospícios fundados pelos religiosos franciscanos da província da Imaculada Conceição do sul do Brasil, desde 1591 a 1758, e das aldeias de índios administradas pelos mesmos religiosos desde 1692 a 1803* (1941); *A ordem franciscana no Brasil* (1942); *Os franciscanos no sul do Brasil durante o século XVIII e a contribuição franciscana na formação religiosa da Capitania das Minas Gerais* (1944).

cujas pesquisas sobre a história de sua ordem no Brasil já lhe deram merecido destaque na nossa galeria de historiadores e que, depois de longas pesquisas, acaba de publicar substancioso trabalho a respeito na *Revista Eclesiástica Brasileira* (v. 3, fasc. 4). É que essa "colonização" espiritual esteve a cargo dos filhos de São Francisco.[47]

Como é sabido, em geral, a primeira fase da vida nas Minas Gerais foi de franca anarquia e de profunda dissolução. Foi uma verdadeira fase de "promiscuidade primitiva", como diria um sociólogo da velha escola revolucionista. El-rei D. Pedro II entendeu, então, de dar jeito de vida cristã a seus súditos dos sertões "novamente" descobertos. Apelou para as diversas ordens e congregações.

Coube aos Frades Menores aceitar o convite.

Teve então início a evangelização das Minas Gerais, no meio das maiores dificuldades, tal a falta geral de elementos de vida organizada e civilizada e ser essa pregação feita em meio a multidões açuladas pela *aura sacre fames* e de apetites desaçaimados.

O primeiro a iniciar essa aventura foi frei Arcanjo da Ascensão, cujas pregações se deram em dias de Guerra dos Emboabas, tendo quase sido morto por ter tentado servir de *peacemaker* entre dois bandos ferozes.

O sistema adotado era o de missões pregadas de lugar para lugar, as pregações sendo seguidas da fundação de núcleos da Ordem Terceira. Ora, somente a fundação destes já seria suficiente, pois da ação dessas irmandades (não somente da franciscana como do Carmo, Mercês e outras) saiu quase tudo o que se refere à cultura espiritual do povo mineiro: arte (as igrejas), assistência social, elementos de integração dos africanos e mestiços na vida social e elevação moral do povo, espiritualidade. E são poucas as localidades mais antigas que não possuem o seu núcleo da Ordem Terceira de São Francisco. Quer dizer, poucas são

---

[47] N.E.: Francisco de Assis (1181/2-1226), frade católico, que foi fundador da Ordem dos Frades Menores (ou Franciscanos), tornou-se conhecido como o *Poverello*, "o homem pobre", por ter renunciado à fortuna paterna e tornar-se um maltrapilho. Teria sido um *revolucionário* de ideias, um militante de causas da não violência, um pregador em prol do direito à vida de todas as criaturas, representando uma das figuras religiosas mais importantes da Idade Média. Foi canonizado em 1228 pela Igreja Católica.

as povoações antigas de Minas nas quais a espiritualidade franciscana não teve o ensejo de cooperar para a cristianização da vida. E o que caracteriza principalmente essa espiritualidade franciscana é o fato de dar aos homens os elementos para uma santificação progressiva da vida, mas sem alteração do ritmo natural da vida. Plenitude da vida na santidade. E, como primeira consequência da ação missionária dos franciscanos em Minas, temos o modo "natural" de serem os mineiros religiosos, de "serem" em geral. "Não se compreende um mineiro fanático", dizia há pouco Tristão de Ataíde. A religiosidade (e as mais das coisas) dos mineiros não se apresenta nunca de modo anormal e excessivo.

Além disso, há uma certa tendência do mineiro para o que se poderia chamar de "nominalismo": os mineiros julgando os homens pelo que são e pelo que valem e não por suas ideias, antes, julgando as ideias pelos homens que as encarnam. Se fôssemos aprofundar bem, descobriríamos nos modos de pensar dos mineiros grandes aproximações com o pensamento de Duns Escoto:[48] preocupação com o real concreto, com a individualidade, com o valor especial das coisas em sua hecceidade própria.

Saindo, porém, do campo dessas conjecturas, passemos ao plano da influência real e positiva dos frades menores em Minas, de acordo com os dados fornecidos pelo erudito frei Basílio Roewer.

Ora, segundo a sua documentada exposição, além das múltiplas confrarias da Ordem Terceira então fundadas, temos o recolhimento de Macaúbas, onde as nossas avós se instruíram e se educaram, principalmente se educaram, em sólidas bases morais. Ora, as religiosas de Macaúbas se organizaram totalmente dentro do espírito e da técnica (digamos assim) franciscana. Podemos dizer que essa memorável casa

---

[48] N.E.: João Duns Escoto (1266-1308), filósofo, teólogo escolástico e tradutor escocês, estudou e ensinou em Oxford e em Paris, centro de polêmicas entre tomistas, averroístas e agostinianos, onde amadureceu a necessidade de ir além daquelas controvérsias, baseando-se na autonomia, e nos limites, da filosofia e na riqueza dos problemas da teologia. Completou seus estudos filosóficos no convento franciscano de Haddington, onde vestiu o hábito e ordenou-se sacerdote. Trabalhou no estúdio dos Frades menores, anexo à Universidade de Cambridge, onde iniciou os comentários às Sentenças de Pedro Lombardo. Suas principais obras foram *Reportata parisiensia*, *Lecturae cantabrigenses* e *Ordenatio*, a mais importante.

de educação foi um convento de freiras franciscanas. Isso sem contar o Caraça, fundado pelo Irmão Lourenço, "esmoler" da Terra Santa e que pretendia fundar um convento da Ordem na alta montanha. Daí nasceu o velho colégio, cuja pedagogia, nos primeiros tempos, era algo de muito humano e profundamente revolucionário.

> Recapitulando [diz frei Basílio], a Capitania das Minas Gerais foi beneficiada religiosamente pelos filhos de São Francisco desde o começo de sua História com o descobrimento de ouro e pedras preciosas. Os franciscanos foram os seus primeiros missionários. Associaram-se em 1727 os padres capuchinhos. As Recolhidas da Conceição de Macaúbas difundiram a espiritualidade franciscana com a educação que, durante mais de século, deram às meninas de seu colégio. Os esmoleres da terra Santa e dos Conventos percorriam a Capitania, fomentando o espírito religioso, e a Ordem Terceira, por fim, moralizava o indivíduo e estabelecia os bons costumes no seio da família.

Em outro local diz que a "Ordem Terceira franciscana se espalhou mais do que em qualquer outra parte". E a ela devemos as duas obras-primas da arte colonial: as Igrejas de São Francisco de Ouro Preto e São João del-Rei. Não somente que elas deram aos artistas os elementos materiais para construção, como forneceram as ideias. Já se assinalou a atitude diferente tomada pelo Aleijadinho em face de temas franciscanos – a sua arte humanizava-se, deixando de lado a forma torturada e angustiada que lhe era comum...[42]

Em síntese: foi o espírito do *poverello* que fez o mineiro olhar para o céu muito acima das montanhas hostis e suspender a sua incessante procura do metal no fundo da terra.

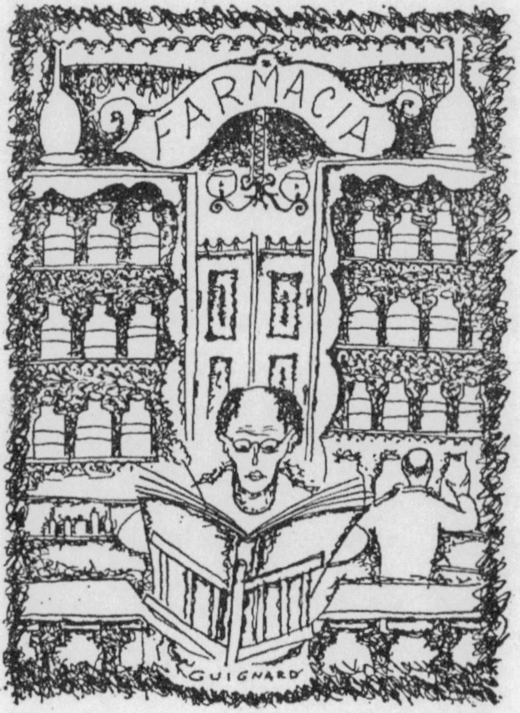
FARMACIA
GUIGNARD

CAPÍTULO XIV

Produtores de cultura

O engenho constitua um sistema solar, tudo girando em torno da casa-grande. A vila mineira mais parecia uma constelação, onde, se há estrelas da primeira grandeza, todos colaboravam igualmente para a determinação do conjunto. O senhor do engenho tinha a sua capela no fim da varanda; a capela era o centro da vida, obra dos irmãos, e o vigário não pertencia ao clã e estava subordinado ao bispo. A casa-grande tinha o seu armazém e as suas plantações; a vila possuía as suas lojas e vendas, onde se praticava o comércio aberto a todos. O senhor do engenho era o senhor dos seus habitantes; o senhor das minas tinha sobre si o sereníssimo Senado da Câmara, o Governador e el-rei.

Mas as vilas mineiras não se contentavam apenas com o fato de serem diferentes dos engenhos. Criaram algumas instituições próprias, produtos da urbanização e que, com o correr do tempo, vieram a ter importância essencial. E que foram até certo ponto centros de fermentação de ideias e de produção de incêndios.

Merece, por um capítulo, a ação do farmacêutico, do padre, do bacharel, do médico, do caixeiro-viajante e do mascate, aparentemente tão diversos uns dos outros, na prática exercendo uma função social única: a polarização das ideias em torno de outros centros de interesse que não o estado, a mina, a igreja, o amor, a terra, etc. O bacharel, o doutor e o viajante formaram a trindade revolucionária no ambiente tranquilo das vilas. Mesmo quando filhos da terra, esses homens vinham de fora. Tinham atravessado as montanhas, os rios, as florestas, os postos de fiscalização, as alfândegas, os vastos mares e lidos em livros estranhos, em línguas estranhas, ideias novas e inquietantes. Ou, então, se não eram letrados, traziam os costumes e as belas coisas de fora, onde a vida era mais amena, mais alegre, longe das muralhas tristes e severas das montanhas azuis. Alguns desses tipos de distribuidores de cultura foram produtos especiais de certas épocas, outros existiram sempre. Algumas profissões, às vezes, pertenceram a esses difusores de cultura, outras são caracterizadamente do grupo. É de toda conveniência fazermos umas tantas separações e distinções. Inicialmente, temos: os que se encarregavam de difundir ideias novas entre as montanhas e os que divulgaram os elementos de cultura material.

No primeiro grupo, nós temos três figuras de importância maior ou menor: o boticário, o médico e o bacharel. No segundo, o mascate e o caixeiro-viajante.

A função do boticário, do bacharel, do médico e do padre (em certas ocasiões) era a de trazer ideias novas para a vila. Foram sempre figuras revolucionárias. Cada uma, porém, representando um papel diferente. Mas sempre no sentido de trazerem o mundo para as Minas Gerais.

Desses elementos que contribuíram para a circulação dos valores da cultura intelectual tivemos, durante a fase colonial, dois muito importantes: o magistrado e o clérigo. Aparentemente e de acordo com a situação de órgãos do estado, seriam elementos de conservação. Mas, depois de alguns anos de contradição, muitas vezes, a sua real função social se revelava. Estou pensando no caso agudo dessa situação, os poetas da Inconfidência, que, depois de ficarem longos anos mandando quebrar teares aos mineiros, acabaram rebeldes. Um estudo mais completo do estranho comportamento dos clérigos e magistrados coloniais, de vida contraditória, exigiria um conhecimento mais seguro da situação cultural do reino pela época. Existem, não há dúvida, alguns dados positivos: a reforma da Universidade, as ligações de Pombal e muitos outros intelectuais com a filosofia da *aufklaerung*, etc. Inegavelmente, essas ideias da Ilustração deixariam semente na inteligência dos padres e dos bacharéis de então. No que se refere aos sacerdotes, há uma consequência ainda pouco estudada da expulsão dos jesuítas: o aumento da submissão do clero ao governo português e o afrouxamento maior das ligações com Roma. Nesse ponto, Pombal continuou D. João V, e o monarca português tornou-se um papa nacional como os soberanos protestantes. Como consequência disso, podemos registrar dois fatos: transformação do clero em instrumento de soberania e do poder e diminuição do caráter religioso da sua função.

Funcionários que eram, passaram esses padres a receber uma formação quase profana, sofrendo todas as influências comuns à época.

Com relação ainda à ação política e às ideias dos clérigos coloniais, temos que assinalar, também, a possibilidade de terem as ideias de Francisco Suárez[49] deixado qualquer marca na mentalidade dos estudantes de Coimbra.

É um capítulo de história das ideias digno de ser estudado este e que teve as suas sérias consequências na vida brasileira: por que um certo número de clérigos dos fins do século XVIII, fugindo à sua posição de quase funcionários da Coroa que eram, se meteram em política e professando ideias revolucionárias? No estado atual das pesquisas, pouco se pode adiantar. Existem alguns fatos dignos de menção: Suarez, reforma de Pombal, Enciclopédia, o recrutamento democrático de clero, etc. A verdade é que, em todos os motins e revoluções brasileiras da fase das luta pela Independência, podemos assinalar a presença de clérigos seculares e regulares. Isso, apesar de terem como dever declarado a defesa da autoridade e do poder da realeza portuguesa, de sua majestade Fidelíssima...

Se essa duplicidade de atuação do clero colonial é uma questão envolta nas mais espessas trevas, a atitude análoga dos magistrados pode ser vista sob melhor luz, apesar de não ser ainda a meridiana. Temos, por exemplo, dados excelentes sobre os mais destacados de todos eles, os que viveram mais intensamente essa duplicidade, essa existência de "Dr. Jeckyll e mister Hyde", que foram os poetas da Inconfidência, nos quais a incompatibilidade entre as suas funções de magistrado e suas ideias chegara a ponto de dilacerar-lhes o destino, a carreira e a vida... Os *Autos da devassa* da Inconfidência, publicando-lhes os nomes dos livros, a recente edição do tratado inédito de Tomás Gonzaga sobre o Direito Natural, revelam-nos que os bucólicos poetas de Vila Rica

---

[49] N.E.: Francisco Suárez (1548-1617), influente teólogo e filósofo jesuíta da reforma católica, ensinou teologia na Universidade de Coimbra. Assim como outros neotomistas notáveis, contribuiu para erigir as bases teológicas e jurídicas dos Estados alinhados ao humanismo católico, reagindo ao protestantismo e ao poder absoluto de direito divino dos reis. Autor, entre outros textos, dos livros *Tractatus De Legibus* (Coimbra, 1612), que apreende os pactos sociais de constituição das autoridades políticas, o direito das *gentes* e as relações entre os povos, e *Defensio Fideí Catholicae* (Coimbra, 1613), contrário às pretensões políticas e religiosas do rei da Inglaterra, legitimados na soberania divina.

sabiam onde se achavam em matéria de ideias, demonstrando que a sua malograda conspiração, em lugar de motins avulsos contra prepotências de autoridades secundárias, ou de meras arruaças "caso de polícia", era um movimento consciente de pessoas que sabiam o que estavam fazendo e possuíam ideias definidas sobre os problemas políticos.

Depois da Independência, durante todo o Império a função do bacharel em direito como agente da circulação dos valores intelectuais se processou de modo sempre crescente.

Saídos dos velhos clãs mineradores (que, no fundo, eram agrícolas e mineradores, ao mesmo tempo) e dos novos clãs agrícolas do Sul e da mata, trazendo de casa um espírito com os alicerces já plantados, os jovens iam fazer o seu direito em São Paulo, trazendo depois para o interior as ideias do século, as quais davam um brilho todo especial aos sentimentos de altivez e de rigidez do caráter do mineiro velho, muito individualista quanto aos modos de pensar, mas gostando de fazer política dentro dos grupos naturais.

Esses bacharéis traziam livros e ideias que seriam subversivas em outra parte; para eles, apenas legalizavam e davam feição racional ao seu espírito de ordem. Hoje, é costume falarem de "ordem injusta", como se fosse possível haver ordem dentro da justiça. Não há pior desordem que a tirania. É claro que existe um conceito, digamos assim, policial de "ordem", muito explorado pelos totalitários e que é uma réplica moderna da "paz de Varsóvia" do Czar. O mineiro, como o inglês, sempre soube desejar a situação descrita pela divisa de Tácito[50] *Imperium et libertas*. Alguns exemplos concretos: Bernardo de Vasconcelos, cujo Bentham seria perfeitamente anárquico em qualquer outro parte, Paraná ("não se curvava", disse dele D. Pedro II), e que foi o maior sustentáculo do Império, Lafaiete, Ouro Preto,[51] etc. Houve muita gente mais. Os que ficaram na Província, por exemplo. Mas aqueles citados figuram

---

[50] N.E.: Publio Cornélio Tácito (Roma, c.55-c.120 d.C.), historiador, autor de discursos e textos clássicos como *Anais*; *História*; *Sobre a origem e posição da Germânia* e *Diálogo sobre os oradores*.

[51] N.E.: Honório Hermeto Carneiro Leão (1801-1856), Marquês de Paraná, foi diplomata, magistrado, político e monarquista brasileiro. É considerado um dos maiores estadistas do Segundo Reinado, formando o conhecido Ministério da Conciliação entre os partidos Liberal e Conservador.

entre os que a Província mandou para fora, trazendo a sua mescla de espírito provinciano com as ideias novas para governar o país.

Finalmente, temos a ação do médico e do farmacêutico. Cronologicamente, devemos dar primazia aos boticários. Foi no fim do Império que os médicos apareceram mais numerosos no interior. O que desbancou definitivamente o poder do boticário foi o aparecimento dos "preparados", isto é, dos remédios prontos. Porque o prestígio do farmacêutico vinha do fato de ser o homem que "fazia o remédio". Até hoje o homem do interior não deixa de ter a sua confiança no farmacêutico: é gente do lugar, não tem pedantismo, descobre as doenças, faz o remédio, geralmente velhos remédios, conhecidos, ele mesmo os aplica e ainda cobra mais barato. O doutor veio de fora, esteve muito tempo na capital, é novo, fala difícil, "apenas" descobre as doenças, usa remédios desconhecidos, nos quais o homem não tem fé e ainda sai com doenças novas e com operações. É claro que os médicos podem envelhecer no lugar e acabam caindo na política, ninguém mais se recordando do "jovem doutor".

A política é o fim que espera os médicos e os boticários. Como uma função social definida, tendo prestado – no fim de certo tempo – favores a todos os habitantes do lugar, sendo compadres da maioria, possuidores de uma cultura mais elevada, o médico e o farmacêutico, no fim de certo tempo, ganham prestígio incontestável.

Com a diferença que a farmácia é o ponto de reunião, dos conchavos, dos arranjos. O farmacêutico funciona como ponto de cristalização, exerce cargos municipais, não passa além do município, porém. O médico, este sim, vai ser deputado.

Apesar de não sair do município, o farmacêutico é quem controla a política local. Todas as noites reúnem-se na farmácia os principais

---

Lafaiete Rodrigues Pereira (1834-1917) foi promotor público em Ouro Preto e senador pela Província de Minas Gerais. Exerceu a Presidência do Ceará em 1868, a do Maranhão em 1869 e, depois, o cargo de Ministro da Justiça, além de acumular a presidência do Conselho de Ministros com o cargo de Ministro da Fazenda. Seu programa, nessa pasta, baseou-se no combate ao déficit com a progressiva tomada de empréstimos.

Afonso Celso de Assis Figueiredo (1836-1912), Visconde do Ouro Preto, foi deputado geral, em dois mandatos por Minas Gerais, ministro da Marinha e da Fazenda e membro do Conselho de Estado, presidindo o último Conselho de Ministros do Império. Foi preso a 15 de novembro de 1889, com todo o Ministério, e exilado.

próceres para as intrigas e o café. Este café da farmácia tem resolvido todos os problemas de política municipal de Minas, desde a Independência. O farmacêutico é o dono da casa, é o hospedeiro. Por isso, dá poucos palpites. Mas, devido ao seu prestígio social, à posição de dono da casa, à experiência das coisas políticas – "os homens passam, a farmácia permanece" –, acaba dando a última palavra. Todos os partidos políticos municipais da zona montanhosa de Minas, pelo menos, têm por centro de gravidade uma farmácia. E isso é velho. A Escola de Farmácia de Ouro Preto é centenária. Quer dizer: sempre existiram boticários mineiros.

A primeira geração foi chamada a do "bom será". Isso porque o regulamento dizia: "o candidato deverá saber ler, escrever e contar; bom será que saiba um pouco de francês" (para ler o *Chernoviz*,[52] é claro). Esses homens do "bom será" resolveram todos os problemas políticos, físicos e morais dos nossos antepassados. A sua medicina não era muito má. Sei de um, da primeira turma, que faleceu aos 113 anos, muito saudável e rico.

Se o farmacêutico era conservador, não gostava de fazer revoluções ideológicas, pois era um rural como os outros, os poucos anos de Ouro Preto e o "bom será" não modificando ninguém, o médico já era meio complicado. Estudando no Rio. Não raro na Europa. Metidos na leitura de temas graves. Saturados de "filosofia médica" do século XVIII, os nossos pobres vigários devem tem sofrido horrores com eles... Não eram, porém, muito numerosos os médicos no interior de Minas, durante o período de formação, isto é, até o II Reinado. Influência maior tiveram, contudo, os mestres-escolas, também que foram os

---

[52] N.E.: Os manuais de medicina popular de Pedro Luiz Napoleão Chernoviz (1812-1881), nome abrasileirado do polonês Piotr Czerniewicz, foram essenciais na difusão de práticas e saberes aprovados pelas instituições médicas oficiais e tiveram largo uso nas regiões rurais do Brasil, no século XIX. Chernoviz esteve no Rio de Janeiro em 1840; publicou artigos na *Revista Médica Fluminense* e na *Gazeta Médica da Bahia*, com a qual manteve contatos após seu retorno a Paris. Escreveu, além de dezenas de artigos, o *Formulário ou guia médico* (para os iniciados na medicina) em 1841 e o *Dicionário de medicina popular* (para os leigos) em 1842. Com o tempo e devido à imprecisão de várias edições, sua obra se tornou difusa, ocorrendo confusões consideradas insolúveis, pois o *Formulário* acabou sendo confundido com o *Dicionário* e igualmente chamado de *O Chernoviz*.

principais instrumentos da consolidação do Império liberal. Convém assinalar a importância do "rábula", o homem que interpretava a lei, apesar de jamais ter visto uma Escola de Direito.

Se a cultura espiritual e as ideias novas eram introduzidas nas Minas Gerais pelos clérigos, pelos bacharéis, pelos doutores e pelos boticários, a cultura material, isto é, as novas modas traziam-nas os caixeiros-viajantes e os mascates, estes no princípio e depois aqueles; se em tempos mais próximos do nosso a profissão de mascate é humilde e considerada digna de judeus e outros estrangeiros, tempos houve em que, se não era nobre, ao menos era considerada começo decente de um rapaz ambicioso. E muita gente muito boa – houve ramos pobres de clãs ilustres – saiu de vila em vila, de arraial em arraial levando o vasto baú de folha de Flandres, cheio de bugigangas – diríamos nós, hoje, "balangandãs" –, que encantavam as nossas avós, que, através daquelas coisas brilhantes, tinham amostras da vida feérica da Corte e da Europa...

Depois, quando as cidades se estabilizaram, as estradas se tornaram mais regulares e as grandes "lojas" apareceram nos centros urbanos, surgiu o caixeiro-viajante, o "cometa". Este vinha do Rio e trazia as últimas novidades. Para o comerciante, as últimas produções da indústria dos grandes centros. Para as moças, a última dança. Era um dia de festa o da chegada de um "cometa", que tinha uma namorada em cada "praça", quando não tinha noiva ou mesmo esposa. As revoluções no domínio das coisas mundanas, as revoluções dentro do âmbito das coisas femininas eram provocadas pelos caixeiros-viajantes. Não havendo rádio nem disco, as moças escreviam as letras das modinhas trazidas pelos viajantes em caderninhos cheios de margens floridas. Apesar de ser um rival eventual e prestigiado, o "cometa" não era mal recebido dos rapazes; trazia sempre uma última anedota, sugestões e práticas amorosas. E, naturalmente, os auxiliava nas serenatas.

Essas influências "dissolventes" todas se faziam sentir principalmente dentro das cidades. O fazendeiro pouco ou nenhum contato tinha com essa gente de fora. Tanto que vamos encontrar tendências mais conservadoras entre os camponeses. É claro que o escravagismo dos fazendeiros é explicável por motivos de ordem econômica e não por questão de ponto de vista político. Em geral, porém, o homem da cidade tendia às ideias de novidade, ao passo que o homem do campo era mais conservador. Mais conservador e mais altivo: não tinha a maleabilidade e a subserviência do citadino. No plano da política nacional, a reforma eleitoral de Sinibu[53] foi a vitória do homem da cidade sobre o chefe do clã rural. Mas, também, o Parlamento do Império perdeu aquele seu ar de seriedade e de solidez que o fizera uma assembleia de soberanos, como se disse do Senado Romano. E cuja perda foi uma das desgraças maiores de nossa vida política.

---

[53] N.E.: O alagoano João Lins Vieira Cansanção de Sinimbu, Visconde de Sinimbu, foi ministro do Império. Na pasta da Agricultura, deu execução à Lei nº 1.157, de 1862, substituindo em todo o país o vigente sistema de pesos e medidas pelo sistema francês – o que deu origem às revoltas conhecidas como "Quebra-Quilos". Como chefe do gabinete liberal, em 1878, Sinimbu propôs uma reforma eleitoral com eleições diretas (uma panacéia para todos os males, no seu entender), excluindo os analfabetos e os votantes de baixa renda.

Conclusão

A máxima positivista que nos diz ser o "progresso o desenvolvimento da ordem" é uma das sínteses mais felizes do *Ancien Regime*. Foi realmente a partir da Revolução Francesa que os homens acharam ser mais acertado começar de novo todas as coisas e o valor da novidade passando a ser considerado a melhor medida do valor absoluto das situações. "Não vim destruir a lei, mas completá-la", está nas escrituras. Cristo nunca foi imitado tão bem como nessa afirmativa; toda a política da Europa cristã até o século XIX baseava-se nesse princípio.

A preocupação constante foi adaptar-se à nova situação, por meio de acréscimos ou pelo desenvolvimento de pontos incluídos no sistema anterior. "Os vivos são governados pelos mortos", diria o positivista: tradicionalismo significa exatamente reconhecimento expresso e submissão declarada a esse governo dos mortos. E não há melhor exemplo disso que a atitude tão assinalada dos filósofos da Escola que preferiam, quando eram obrigados a dizer alguma novidade, lançar mão de um nome consagrado, a quem fosse possível atribuir tal paternidade, a dizê-la como de sua própria lavra. O contrário do moderno, que assume a autoria, solenemente, de banalidades velhas de séculos, em lugar de dar-lhes a verdadeira origem... Na política a mesma coisa: não destruir, mas acrescentar.

Daí o sistema que presidiu a organização da vida política mineira: o municipalismo romano ao qual se adaptara o pluralismo medieval da sociedade distribuída em corpos profissionais, a hierarquia eclesiástica, o feudalismo semiburocrático do absolutismo (o senhor feudal deixara de ser uma realidade "a se" para tornar-se um ser contingente, na dependência do rei), a maciça administração barroca e argúcia fiscalizadora oriunda da situação da Colônia. Isso foi o que veio de fora, a vida política civilizada, o estado não sendo mais um grupo instintivo nascido da vontade, de poder coletivo, mas o "estado de direito", a ordenação jurídica das relações sociais.

Mas quais eram essas relações sociais que a complexa, difusa e pesadona máquina da monarquia barroca vinha ordenar e orientar no sentido do engrandecimento da Fazenda Real e da "dilatação da Fé e do Império", realizada mais por intermédio de burocratas do que por ferozes e façanhudos homens d'armas à antiga?

Uma cultura é quase um vegetal e começa a existir pela fixação por meio do trabalho de uma comunidade humana em um lugar determinado. É uma situação oriunda da combinação dos três fatores célebres de Le Play:[54] lugar, trabalho e sociedade (família, profissão e "cidade"). Fixada a cultura em um ponto qualquer do mundo, ali se instala e passa a viver. Suas modificações são oriundas das influências do exterior: o comércio e a luta são os instrumentos da história, que nasce do choque entre elementos díspares. Se os contatos culturais são poucos, não se modifica.

Ora, Minas Gerais, onde o homem se instalou de uma vez (por assim dizer) durante o século XVIII, é levada por sua situação geográfica ao isolamento e à formação de "ilhas culturais", em que os estratos e áreas culturais são mantidos em "conserva", e isso me deu os elementos para o método adotado neste ensaio.

Estes ciclos culturais, na fase de formação, foram o do ouro e o do diamante. Consequência da situação geográfica, pois. A vida de mineração originou formas específicas de vida social: na fase de

---

[54] N.E.: Pierre-Guillaume-Frédéric Le Play (1806-1882) teve influência no desenvolvimento da sociologia aplicada, devido às metodologias que desenvolveu para estudar determinados fenômenos sociais. Considera a família e o orçamento familiar fundamentais para estudar as condições sociais; defende medidas para reforçar a instituição familiar para apoiar o indivíduo, mas considera que esse também teria obrigações sociais, chamando a atenção das entidades empregadoras para que sua contribuição para com o bem-estar social não se restringisse ao pagamento de salários.

faiscagem no leito dos rios, uma situação de respeito mútuo e igualdade, condição essencial para a existência de garimpeiros perdidos no deserto; na fase definitiva da mineração, o latifúndio urbano e em profundidade. As necessidades da configuração do terreno e do tipo de exploração industrial obrigaram os senhores de minas a residirem em centros urbanos, uns ao lado dos outros, e ao alcance das autoridades. Quer dizer: o terceiro elemento da classificação de Le Play foi a vida em sociedade civilizada e urbana, núcleos policiados de homens que possuíam iguais e superiores, nisso sendo a sua situação diferente da vida aristocrática dos senhores de engenho do Norte. Como consequência da vida urbana e da ação de certos elementos civilizadores a ela inerentes e à constituição democrática da cidade medieval, os mineiros aprenderam logo hábitos de *self government*, de respeito às autoridades e à lei, de interesse pela causa pública.

Mas, quem era o mineiro, de onde viera ele? Há no sistema trifásico de Le Play uma falha: a terra somente é "situação" devido ao homem que nela se acha situado, o trabalho é trabalho do homem (é a atitude que toma o homem em face daquela situação) e a comunidade é de homem. Há o elemento antropológico entre o elemento telúrico e o ergônico. E o homem nunca vem só. Traz na sola de seus sapatos a sua pátria, a sua cultura. Desse modo cinco diferentes grupos de homens, cinco diferentes culturas se abraçaram e lutaram na formação do povo mineiro: os índios, que serviram de veículo à marcha dos bandeirantes, diretamente ou através da mestiçagem; os *bandeirantes*, feudais, nômades e guerreiros (como os índios), cuja missão foi, em companhia dos selvagens, fazer a conquista da serra, a parte militar da conquista; os *baianos* vindos do Norte, com as suas boiadas (cuja função foi a de dar a nota "bucólica" à paisagem); os *emboabas*, portugueses, citadinos, comerciantes, industriais ou gente del-rei, cuja ação principal consistiu em ficar, em passar de vida arriscada, nômade, para a sedentária e civilizada da mineração; finalmente, o *negro*, mais sedentário e industrioso que o índio, dando a mão ao emboaba para fincar a cidade no solo difícil da montanha.

Desse choque de culturas e da complexidade de vida urbana nasceu, graças à ação das ordens religiosas e das corporações, uma sociedade complexa, pluralista, na qual encontramos várias classes sociais e não apenas o dualismo "casa-grande e senzala", considerado o normal do Brasil antigo.

Era nesse conjunto complexo e pluralístico de situações que a máquina mais pesada e ronceira da monarquia barroca viera estabelecer a ordem, e, se o conseguiu, os seus êxitos foram sempre nascidos de súbitas revivescências do velho ideal democrático medieval da "monarquia limitada pelas ordens", da realeza gótica: as corporações ajuntando os de igual profissão; as irmandades, os da mesma cor; o Senado da Câmara, a comunidade urbana, autodirigindo-se por intermédio dos "homens bons"; o estado como poder moderador e fazedor de justiça; a justiça como finalidade própria do estado. Muita coisa da política dos tempos góticos que já estava morta ou adormecida na Europa teve em Minas uma súbita vitalidade.

O mineiro conheceu muito cedo o Estado, viu o *Leviathan*[55] de perto e sentiu todos os seus meios de ação: a espada, o báculo, a vara da justiça (como devia esta doer nas costas daqueles homens tão arrogantes...) e os burocratas, estes infindáveis meirinhos e escrivães, que, com suas penas de pato molhada em tinta extraída da seiva da bananeira, escreviam em livros enormes as dívidas dos homens para com a Fazenda Real. A Fazenda Real, a Fazenda Imperial, a Fazenda Republicana, e o mais que houver ainda, estarão sempre a processar os mineiros por eternas dívidas. Antes eram as "derramas"; hoje, "executivo fiscal"...

O mineiro temia o estado. Respeitava-o e talvez o amasse. Sabia ser uma coisa natural e que sem ele as coisas seriam piores. O rei mantinha a justiça e era defensor dos direitos: por detrás de todos aqueles burocratas ferozes, havia um conjunto de leis que todos respeitavam mais ou menos.

Ora, acontecia que os principais desses burocratas, os que tinham as funções mais importantes, os que tinham a seu cargo a cultura espiritual – os legistas e os sacerdotes –, não eram meros rabiscadores de papel e sabiam onde estava a sua cabeça. Era uma coisa assombrosa a cultura literária de certos elementos de destaque na sociedade da

---

[55] N.E.: *Leviatã - Leviatã ou matéria, forma e poder de um Estado eclesiástico e civil* –, livro do inglês Thomas Hobbes, editado em 1651, tornou-se conhecido por fundamentar o poder político dos soberanos nos Estados absolutistas.

Colônia. Basta ver as listas de livros apreendidos pela justiça del-rei e publicados nos *Autos da Devassa da Inconfidência Mineira*: sabiam onde tinham a sua cabeça, mas não temiam perdê-la. Tinham em casa os livros mais novos do tempo (*A riqueza das nações* de A. Smith, por exemplo). Conheciam as doutrinas do "Direito Natural" e, em sua passagem pela Universidade de Coimbra, por certo que ainda encontraram restos de ideias políticas de Francisco Suarez, um dos últimos representantes de tradição democrática de Idade Média em luta contra o nascente absolutismo. Vila Rica estava dentro da esfera de influência do movimento do *auf-klärung*, e a Inconfidência Mineira (como assinalou o professor Henri Hauser) é um capítulo da história da Revolução Francesa à conquista do mundo. Ora, nem todos os inconfidentes eram leitores dos livros que traziam as ideias francesas: muitos não sabiam ler nesta língua. É que os leitores dos livros revolucionários eram as pessoas de prol, os juízes e os padres, que as transmitiriam em suas conversas habituais (e como se poderia conversar longamente em Vila Rica!...) aos amigos e vizinhos. Ora, o terreno era fértil e fora bem arroteado, disso não há que duvidar.

Além disso, havia a influência franciscana, à qual dedicamos um capítulo. Pregando missões diretamente e espalhando Ordens Terceiras por toda a parte – não há lugar que não a tenha –, os frades menores deixaram na austeridade, na simplicidade e no desprendimento do mineiro a marca forte de sua espiritualidade. Esta também pode ser encontrada nos domínios do conhecimento, da filosofia. Max Scheler, em nossos dias, formulando a teoria do conhecimento das ciências culturais, colocou a "simpatia" (mais no sentido etimológico do que no comum) como sendo o meio adequado para o conhecimento do *alter ego*, da personalidade das outras pessoas... como outras pessoas. Isso porque à razão as coisas surgem como sendo ideias, meras estruturações lógicas, sem uma realidade substancial que lhes dê fundamento e consistência. Cabe à vontade, à ação, de modo palpável, descobrir que, por detrás das ideias, existem coisas subsistentes, que independem das construções do nosso espírito. Ao sentimento, enfim, cabe a revelação de que as coisas possuem personalidade própria. É a universal simpatia de São Francisco de Assis – "um cortesão no meio de cem reis", como disse Chesterton[56] –, todas as coisas são pessoais, são irmãs. Por isso, tratou a água de "humilde e casta", como uma donzela Castela, e ao fogo de "alegre e bravo", como um cavaleiro. Ao sol deu senhoria, como faria com o Imperador em suas florestas da Suábia.

A depravação dessa doutrina foi o nominalismo ocamista e a sua expressão adequada e certa foi o pluralismo das formas de Duns Escoto...

A combinação e a conjunção de todos estes elementos – a situação geográfica da montanha, a economia fugidia e esquiva da mineração, a vida urbana, o municipalismo, o fisco, as ideias da Ilustração e do racionalismo, o Cristianismo, a espiritualidade franciscana e o seu "nominalismo" – deu aos mineiros um caráter social, um *habitus*, para usar da terminologia escolástica, toda particular. O mineiro é silencioso, sóbrio e tradicionalista, é tolerante e comedido, sabe respeitar e exige respeito; reconhece uma "pessoa" em todas as coisas e exige ser tratado como sendo "pessoa" também. Sempre foi contra os absolutismos e contra os extremismos: a realidade compõe-se de contrários que se equilibram: o rei é tal porque há um povo, o povo é um povo porque há um rei... O mineiro vive para os grupos sociais naturais: a família, grande ou pequena, a família e o clã; para o grupo profissional (apesar de combatido durante cem anos pela legislação oficial do Império e da República, o grupalismo não desapareceu de Minas), e, principalmente, para o município. O resultado, em fórmula política, não poderia deixar de ser o *Libertas quae sera tamen*, a liberdade de acordo com as situações concretas.

O mineiro sempre acreditou no poder do estado, sempre o tomou como coisa útil e benéfica, interessa-se por ele, exigindo, porém, o seu uso certo e de acordo com as finalidades supremas. Os Inconfidentes

---

[56] N.E.: O britânico Gilbert Keith Chesterton, conhecido como G. K. Chesterton, (1874-1936) foi poeta, ensaísta, jornalista e biógrafo. Anglicano, converteu-se ao catolicismo, em 1922 (influenciado pelo escritor católico Hilaire Belloc). Ao falecer deixou todos os seus bens para a Igreja Católica, sobretudo, devido à sua amizade com o papa Pio XI. Sua obra foi reunida em torno de quarenta volumes contendo temas e gêneros variados; entre eles, está *Ortodoxia* na qual defende os valores cristãos contra os chamados valores modernos como o cientificismo, considerado reducionista e determinista. Chesterton coloca em debate as ideias de Mark Twain e de Nietzsche.

não eram revolucionários impenitentes; queriam apenas domesticar o *Leviathan*. A monarquia constitucional foi a grande imposição dos mineiros na política nacional. Inexplicavelmente, à primeira vista, foram os mineiros turbulentos durante o I Reinado e a Regência. Vindo o parlamentarismo do II Reinado, por obra principalmente do Paraná, e a Conciliação, os mineiros passaram à defensiva: Paraná, Martinho Campos, Lafaiete, Ouro Preto.

Expressão dessa situação foi a divisa dos Inconfidentes *Libertas quae sera tamen*. Não há liberdade em si, mas uma liberdade efetiva, quando for possível, uma liberdade efetiva dentro da situação: uma liberdade concreta e real e não apenas ideal e utópica.

Tanto que o parlamentarismo do Império, nascido da Conciliação, obra do Marquês do Paraná, como a "política dos governadores", sua contrapartida na República, mereceram pleno apoio e cooperação expressa dos mineiros. No Império era necessário colocar o Poder Executivo a serviço do povo, pois, se a unidade estava salva com a monarquia, a diversidade corria risco; na República era necessário salvar a unidade do perigo separatista. Ora, sempre os mineiros estiveram presentes.

Notas

⁽¹⁾ É uma adaptação à sociologia e à etnologia do *tournoiement sur place* do "elã vital" ao qual se refere Henri Bergson, que o descreve como uma espécie de rodamoinho da corrente da vida que, sem cessar o seu movimento, sem morrer, permanece rodando no mesmo lugar. É um movimento circular, sem deslocação, sem alteração. Esses casos seriam produzidos, segundo o filosofo da "evolução criadora", por um obstáculo encontrado pelo impulso vital. Superado o obstáculo, continuaria a vida o seu fluxo constante. Essa hipótese que, no plano metafísico, é pouco mais do que uma simples metáfora literária, no campo da sociologia apresenta fortes visos de verdade. Tanto que o filósofo e historiador inglês Christopher Dawson defende esse ponto de vista, não se baseando em Bergson, mas no farto material etnológico de que dispõe, e dentro de seus pontos de vista a respeito das relações entre o progresso e a religião. Diz ele: "Quando um povo consegue afinal adaptar-se a seu ambiente, ficará como se estivesse em estado de equilíbrio estável; sua cultura será um tipo fixo e permanente que se manterá sem alterações substanciais através das idades" (*Progress and Religion*, p. 58). Para esse autor, as modificações numa cultura são consequência de contatos culturais, que provocam sempre o aparecimento de novos ciclos. Dawson afirma ainda: as imigrações somente são bem-sucedidas quando há adaptação à nova situação geopolítica.

⁽²⁾ Ver o nosso ensaio sobre *O Positivismo no Brasil*, p. 317-319, em que citamos alguns documentos que mostram o calor com o qual os nossos contistas defendiam a política segregadora da Metrópole, apresentando interessante justificação de sua importância social.

⁽³⁾ *Formação do Brasil contemporâneo*, p. 8, nota.

(4) *Formação do Brasil contemporâneo*, p. 51.

(5) O estudo minucioso das áreas culturais de Minas será a matéria da I parte da obra à qual é este volume uma introdução. Isso porque, agradecendo e querendo responder à intenção com que a Academia Mineira de Letras premiou este trabalho, o autor comprometeu-se a dar-lhe o desenvolvimento devido. Nessas condições, a obra total terá a seguinte divisão: I – situação geográfica. As áreas culturais de Minas. Os caminhos. II – Os estratos culturais. Os elementos étnicos de sua formação. Os movimentos de população. A casa e a vida de família. III – A organização e economia e as estruturas sociais derivadas, nos vários ciclos da cultura mineira. IV – As cidades. A vida social. O mineiro e a vida política. V – Estudo sistemático das diferentes questões da sociologia do saber referentes a Minas Gerais (religião, arte, ciência, filosofia, etc.).

(6) Vale a pena citar toda a poesia, por demais típica:

[Confidência do itabirano]
Alguns anos vivi em Itabira.
Principalmente nasci em Itabira.
Por isto sou triste, orgulhoso: de ferro.
Noventa por cento de ferro nas calçadas.
Oitenta por cento de ferro nas almas.
E esse alheamento do que na vida é porosidade e comunicação.
A vontade de amar, que me paralisa o trabalho,
vem de Itabira, de suas noites brancas, sem mulheres e sem horizontes.
E o hábito de sofrer que tanto me diverte,
é doce herança itabirana.

De Itabira trouxe prendas diversas que ora te ofereço:
esta pedra de ferro, futuro aço do Brasil;
este São Benedito do velho santeiro Alfredo Duval;
este couro de anta, estendido no sofá da sala de visitas;
este orgulho, esta cabeça baixa...

Tive ouro, tive gado, tive fazendas.
Hoje sou funcionário público.
Itabira é apenas uma fotografia na parede
Mas como dói.

(7) W. Hellpach. *Geopsiqué*, p. 245.

(8) Pe. W. Schmidt. *Etnologia sul-americana*, p. 45 e seguintes.

(9) H. Pirenne – *História social e económica de la edad media*, p. 33 e seguintes.

(10) "João Gomes Batista" – Revista SPHAN, n. IV – p. 83-84.

(11) *A escravidão no Brasil*, p. 206, nota, e 227. Material recente e de primeira ordem nos traz o Sr. Aires da Matta Machado Filho, em seu excelente estudo sobre o *Negro e o garimpo em Minas Gerais*. Os negros do "Distrito Diamantino" – a terra da Chica da Silva! – assumiram de fato a garimpagem, praticamente dela expulsando os brancos e fundado cidades.

(12) Essa é uma questão hoje passada em julgado, tal o imenso material, não somente de origem nacional, como o estrangeiro. Foram precisamente as pesquisas sobre culturas africanas que deram origem à moderna etnologia: creio que bastaria citar os nomes de Frobenius e Schmidt para encerrar o assunto.

(13) Ortega y Gasset, comentando o ensaio de Max Scheler sobre as causas da guerra e as origens do estado (*Espectador*, v. II, p. 177-178).

(14) Uma das conclusões fundamentais do grande livro do Sr. Caio Prado Júnior sobre a *Formação do Brasil contemporâneo* é a definição e comprovação de uma verdadeira lei do desenvolvimento econômico do Brasil, lei que mostra ser o latifúndio aqui uma consequência de nossa situação especial de povo fornecedor de matérias-primas para a Europa. Não é somente o latifúndio e a escravidão que podem ser explicados por essa lei: também a inconstância de nossa economia, cujo centro de gravidade (o consumidor) está fora. O Brasil tem sido economicamente um país excêntrico, pois os seus produtos são consumidos no exterior. E sendo o consumo o centro e o eixo da vida de fora, nós estaremos sempre em situação de dependência, sempre de fora, espectadores de nossa própria vida. Para combater o latifúndio e para resolver os demais problemas de nossa vida econômica, temos de criar o consumidor. "O agricultor brasileiro não conhece a aldeia" (Bernanos). Um camponês europeu vende na aldeia e não para os povos de ultramar.

(15) Zoroastro Passos – *Em torno da história do Sabará*, p. 2 e seguintes.

(16) Miran Latiff – *As Minas Gerais*, p. 116.

(17) T. A. Rickard – *L'Homme et les metaux*, p. 288 e seguintes.

(18) *L'Homme et les metaux*, p. 295 e seguintes.

(19) *Cartas chilenas*, p. 216 da edição do Ministério da Educação.

(20) Convém citar alguma coisa: "Junto às primeiras lavras, com o tempo, esboroou-se o barro da primitiva "casa de sopapo" e desapareceram as

varas do "pau a pique", devoradas pelo fogo. Emergindo do mato ralo, ficaram, entretanto, marcando a morada do primeiro minerador ainda seminômade alguns altos pés de araucárias, nascidos dos pinhões que os paulistas sempre usavam como alimento para as jornadas à cata do ouro. Da casa que, em local mais bem escolhido, foi construída em substituição à primeira choça, contemplam-se ainda aqueles dois ou três pinheiros, vestígios de um passado árduo" (p. 103-104).

Linhas atrás (p. 100), lembrava o Sr. Latiff a importância dos arraiais e povoados como centros de gravidade das zonas de maior riqueza.

[21] Ver atrás o que citei da obra de Rickard sobre o *Homem e os metais*. Na Califórnia, onde os garimpeiros estiveram entregues às próprias forças, organizaram-se, um pouco tumultuaria e muito ruidosamente, de modo mais ou menos democrático. Na Austrália, tendo o governo querido impor os seus regulamentos, os "casos" surgiram em penca.

[22] *El Espectador*, v. II, p. 177-178.

[23] *O Ouvidor de Vila Rica*, In: *O Jornal*, do Rio de Janeiro.

[24] *Cartas chilenas*, p. 1.118.

[25] *Cartas chilenas*, p. 201 e seguintes.

[26] *Formação do Brasil contemporâneo*, p. 315.

[27] *História de Conceição do Mato Dentro*, p. 24 e seguintes.

[28] *História de Conceição do Mato Dentro*, p. 25.

[29] *História de Conceição do Mato Dentro*, p. 27. Todo o capítulo II é dedicado a essa matéria.

[30] O historiador inglês, coautor de uma obra enorme sobre o pensamento político da Idade Média (*A History of Medieval Political Theory in the West*), considera a organização política medieval como razoavelmente democrática, apesar da rudeza do tempo. A história da Cristandade europeia pode ser interpretada como sendo uma constante e progressiva marcha para liberdade e para a democracia. A Revolução Francesa não teria sido, de acordo com esse ponto de vista, nada mais que o estabelecimento definitivo e a tomada de consciência final desse ideal.

[31] Além dos estudos de A. J. Carlyle sobre o pensamento político medieval, compendiados no volume *La libertad politica* – México, 1942 –, esse caráter principalmente jurídico da realeza medieval tem sido acentuado por

Marc Bloch em seu livro sobre o feudalismo *La societé feodale-Lés classes et le gouvernement des hommes*, saído na coleção *L'Evolution de l'humanité*, e, relativamente a Portugal, por Antônio Sardinha na monumental introdução ao livro do Visconde de Santarém sobre as *Cortes Gerais*. Bloch, p. 258: "Além de um verdadeiro contrato, a vassalagem era bilateral: ao não cumprir seus compromissos, o suserano perdia seus direitos. Transposta, como era inevitável, para o domínio político – uma vez que os principais súditos do rei eram, ao mesmo tempo, seus vassalos –, coincidindo, aliás, neste campo com as três antigas representações que, ao considerar o chefe do povo como responsável, do ponto de vista místico, pelo bem-estar de seus súditos, reservava para ele o castigo em caso de infortúnio público, tal ideia deveria exercer uma profunda influência"... Mais adiante, conclui Bloch: "Nessa ênfase, colocada na ideia de convenção capaz de ligar os poderes, reside a originalidade de nossa própria feudalidade. Assim, mesmo que esse regime tivesse sido penoso em relação ao povo, ele legou verdadeiramente às nossas civilizações algo que ainda desejamos viver" (p. 260).

[32] À margem da história do Sabará, p. 2.

[33] Miran de Barros Latiff – *Op. cit.*, p. 18.

[34] Luiz Camilo de Oliveira Neto – Revista SPHAN, n. 4, p. 85.

[35] Salomão de Vasconcelos – Revista SPHAN, n. IV, p. 331 e seguintes.

[36] G. Dutra de Morais – *Op. cit.*, p. 118 e seguintes.

[37] *Cartas chilenas*, p. 150 e seguintes.

[38] Caio Prado Júnior, p. 165.

[39] Caio Prado Júnior, p. 193 e seguintes.

[40] Principalmente os Srs. Oliveira Viana (*O ocaso do Império*) e Nelson Werneck Sodré (*Panorama do Segundo Império*).

[41] Dito isso com os devidos cuidados, pois a unidade nacional não foi a única e principal preocupação da política imperial que, em si, nada tinha de reacionária. À centralização correspondia uma preocupação incansável pela garantia dos direitos individuais. A centralização no Império era feita no sentido regional, em extensão, e não em profundidade, isto é, havia restrições das liberdades locais em favor do poder central. Mas não havia restrições (nem mesmo as mais elementares), das liberdades individuais em favor do estado. Como dizia D. Pedro II: "o Paraná não se curvava". Ninguém se curvava: a

Revista do Arquivo Público Mineiro possui uma coleção interessantíssima de documentos que mostram a altivez dos eleitores mineiros em face de seus representantes na Assembleia Nacional.

[42] Convém lembrar que a Ordem Terceira Franciscana foi tomada por Pio XI como o modelo e primeira forma de Ação Católica. Devo acentuar aqui, como uma possível manifestação dessa influência, não somente uma consciência religiosa mais nítida, como também um nível moral mais elevado, principalmente no que se refere às relações sociais e à vida econômica. O escravo, por exemplo, era sempre considerado um ser humano. É claro que essa influência não conseguiu lutar contra a luxúria colonial, consequência de um sem número de fatores, todos muito ponderáveis.

Glossário

Argolinha: cavalhada ou jogo de argola.

Atalaia: sentinela, vigia.

Auri sacra fames: a execrável sede do ouro [ou dinheiro] (cf. Virgílio, *Eneida*, livro III, verso 57).

Aufklaserung: expressão alemã para designar as Luzes ou o Iluminismo.

Azinhaga: caminho estreito, rua secundária nos povoados.

Báculo: bastão alto e de extremidade curva usado pelo bispo católico como insígnia da sua missão pastoral.

Bernadotte: dinastia sueca que se inicia em 1810 com a eleição, pelo parlamento sueco (*Riksdag*), do general Bernadotte, um agraciado político e cunhado de Napoleão. O general assumiu o governo com o nome de Carlos João e assegurou uma união forçada entre a Suécia e a Noruega em 1814. Jean-Baptiste Bernadotte foi o rei Carlos XIV da Suécia e Carlos João III da Noruega, entre 1818 e 1844 até a sua morte. A Casa de Bernadotte findou com a dissolução do governo conjunto dos dois países em 1905.

Bofete: refere-se a algum equipamento ou mobiliário de escrituração com repartições e gavetas.

Bosquimano: denominação atribuída por europeus aos povos de cultura e língua *Khoisan*, habitantes da África meridional; o mesmo que boxímane.

Bottom: expressão inglesa que significa a parte mais funda ou mais baixa do leito do rio.

Bureau: palavra francesa que designa móveis com gavetas e repartições.

Cabeção: peça de roupa que se veste acima da cintura como batas, camisas, casacos, cuja forma superior forma uma gola larga e pendente.

Cadete [filho]: filho não primogênito de uma família nobre.

Cambulhada: conjunto confuso e em desordem de pessoas ou de objetos; o mesmo que cambada.

Carapina: designação de origem tupi, *kara'pina*, para carpinteiro de obras de madeira em geral, exceto as construções navais.

Carta de usança: prerrogativa concedida conforme práticas e costumes regidos pela tradição.

Caxambu: dança afro-brasileira, semelhante ao batuque, com tambores e outros instrumentos de percussão, além de cantos responsoriais; o mesmo que *cacumbu*.

Cocção: o mesmo que cozimento.

Codorniz: por analogia ao som emitido pela codorna, refere-se a canto, voz.

Comarca: na América portuguesa, trata-se da divisão judiciária e administrativa do território da Capitania sob a jurisdição de um Ouvidor/Corregedor (juiz da Coroa), que residia na vila-sede ("cabeça") da comarca. Na Capitania de Minas Gerais, durante o século XVIII (a partir de 1720), havia as comarcas de Vila Rica, do Rio das Velhas (Sabará), do Rio das Mortes (São João del-Rei) e do Serro Frio (Vila do Príncipe).

Cunho [abridor de]: aquele que burila, cinzela ou grava peça de ferro, em côncavo, para marcar moedas, medalhas, entre outros, fazendo impressão ou marca deixada por essa peça e por seu reverso nos objetos cunhados.

Data: espaço demarcado de exploração da lavra aurífera, que estava submetido ao controle e à fiscalização dos oficiais do Estado português.

Datur medium: É dado o meio.

Dolico-louro: dolico refere-se a um antepositivo usual nos termos utilizados pelas biociências do século XIX, no sentido de longo, comprido; a expressão indica indivíduo branco, alto e louro, da *raça* ariana.

Enciclopédia: com a designação original de *Dicionário racional das ciências, das artes e dos ofícios*, essa vasta publicação francesa, de 1751 a 1772, foi dirigida por d'Alembert e Diderot, dois expoentes da Ilustração, e constituída pela contribuição de pensadores, filósofos e especialistas de vários campos da ciência e do pensamento, então considerados os mais expressivos e progressistas.

Enteléquia: na filosofia de Aristóteles, é qualquer realidade (seres animados e inanimados do universo) que atingiu seu ponto de perfeição ou a realização plena de sua potencialidade.

Escapula: subterfúgio, fuga.

Felá: camponês e artesão egípcio, considerado inferior e descendente da população submetida pelo regime dos faraós.

Finta: imposto proporcional aos rendimentos de cada indivíduo.

Fogo: designação que se refere ao fogo aceso no "lar" (isto é, uma pedra ou uma laje), e do qual provém o termo lareira; nesse sentido, fogo passou a ser sinônimo de casa de habitação ou unidade doméstica.

Fornos de cuba: fornalha de aproximadamente 20 a 30 metros de altura, com a forma de dois troncos de cone unidos pelas suas bases (cuba e ventre) e fechado na parte inferior pelo cadinho para a fusão dos minérios de ferro e obtenção de ferro-gusa ou simplesmente designada de gusa (ferro da primeira fundição).

Frisia non cantat: a Frísia não celebra em verso.

Gárgula: parte saliente e ornamentada das calhas dos telhados para escoamento de águas pluviais.

Gelosia: grade de ripas de madeira, colocadas nas janelas para proteção da luz e do calor excessivos e do devassamento interno da casa.

Gineceu: aposento reservado às mulheres; órgão feminino das flores.

Graal: segundo a tradição cristã, é o cálice ou o copo místico no qual Cristo se serviu na última ceia com seus discípulos e que teria sido procurado por cavaleiros medievais, como se observa nas aventuras do rei Arthur e seus cavaleiros da távola redonda.

Hetaira: cortesã; prostituta de luxo na Grécia antiga.

Hospício: designava uma construção conventual destinada a abrigar frades e que dava, eventualmente, hospedagem a peregrinos.

Hugoano: indica, no texto, o adjetivo forjado pelo narrador, no sentido de romântico, referindo-se aos adeptos de Vitor Hugo (1802-1885), romancista e poeta francês, autor de obras clássicas como *Os miseráveis* (1862), *Os trabalhadores do mar* (1866).

Idola tribus: ídolos da tribo.

Juiz de Feitos: cargo nomeado pela Coroa, de grande relevância nas funções judiciárias e fazendárias da legislação portuguesa do Antigo Regime, com assento no Conselho da Fazenda Real, para resolver apelações e agravos, tanto dos provedores da Fazenda quanto do provedor-mor.

Juiz de Fora: magistrado de carreira (formado em direito) nomeado pela Coroa portuguesa para atuar nos temas da justiça de um termo de vila notável (ou de cidade). Suas atribuições incluíam presidir a Câmara municipal.

Liga Hanseática: também denominada de Hansa, essa Liga foi uma confederação de cidades do norte do território da Alemanha, fundada em fins do século XIII, para proteger seus interesses comuns, sobretudo os do comércio. No século XIV, seus membros passaram a compreender quase todas as cidades alemãs situadas ao longo dos mares do Norte e do Báltico.

Magarefe: açougueiro, carniceiro; também no sentido de indivíduo desonesto, velhaco, patife.

Matrilinear: sistema de filiação e de organização social no qual somente a ascendência materna é referência para a transmissão de nome e de privilégios sociais e simbólicos.

Megatério: denominação dada às preguiças e tamanduás gigantes (de corpos maciços e com aproximadamente seis metros de comprimento) que teriam vivido na América do Sul meridional, entre o Mioceno e o Pleistoceno.

Meirinho: termo de origem portuguesa (do latim *majorinus*/major) referente à organização judiciária do Brasil para indicar a função de oficial de justiça e o cargo de corregedor de justiça nomeado pelo Rei.

Mercúrio e Marte: deuses romanos, respectivamente, do comércio e dos viajantes, da guerra e da agricultura.

Mesnada: designação para contingente de homens que, mediante pagamento, serviam em tropas mercenárias como soldados.

Negaça: ato ou efeito de negacear, recusar e, em geral, com práticas de dissimulação, logro, artifício.

Ora-pro-nóbis: planta nativa do Brasil, da família das cactáceas com espinhos recurvados, cultivada para fins comestíveis pelo sabor das folhas e bagas e para ornamento em cerimônias religiosas tradicionais, como procissões, de onde derivou sua denominação.

Ordenações: Conjunto de leis portuguesas referentes ao direito judiciário, administrativo, penal e civil, denominadas, de acordo com o nome dos reis que as promulgavam, Ordenações Afonsinas (1446), Ordenações Manuelinas (1512), Ordenações Filipinas (1603). O termo refere-se usualmente às últimas.

Pálio: manto amplo ou capa utilizada como ornamento litúrgico nos rituais ou procissões religiosas.

Peacemaker: termo em inglês que significa pacificador.

Peditório: pedido ou rogo insistente.

Pejor avis aetas: a época atual é inferior à dos nossos avós (cf. Horácio, *Odes*, livro III, verso 46).

Pelouro [Câmara municipal]: refere-se à bola de cera usada no processo de eleição indireta dos vereadores da vilas/cidades no Antigo Regime português.

Piratininga: designação dada aos campos ou ao planalto localizado após a Serra do Mar, onde se erigiram núcleos de povoamento que deram origem à vila de São Paulo.

Protoplasma: substâncias ou líquidos contidos no interior das células.

Quinto: tributo de 20% cobrado pela Coroa Portuguesa, que recaía sobre vários produtos, como couro, ouro e diamantes. A tributação do quinto se deu de formas distintas: pelo sistema de bateias, pelas casas de fundição e pela capitação e censo de indústria; sua arrecadação ficava a cargo do Conselho Ultramarino e, nas Minas Gerais (a partir de meados do século XVIII), também sob a responsabilidade parcial da Junta da Fazenda.

Reduções: as reduções eram aldeamentos dos indígenas supostamente convertidos ao cristianismo, e submetidos ao controle dos agentes religiosos ou civis, visando, segundo a tônica da atividade missionária, a civilização dos costumes e a domesticação do trabalho.

Ronceira: de pouca marcha, morosa, lenta.

Sanefa: tira larga de tecido colocada na parte superior da cortina ou reposteiro, nas vergas da janela e, em geral, rematada com franja ou galão.

Sarilho: qualquer dispositivo ou artefato rotativo para enrolar e desenrolar coisas e objetos flexíveis como cordas, mangueiras, cabos, etc.

Sáurios: ordem de répteis a que pertencem lagartos e crocodilos.

Serafina: tecido de lã próprio para forros e entreforros; baeta espessa com desenhos ou debuxos.

Seteira: pequena abertura na muralha pela qual se arremessa setas; flecheira.

Sobrolho: sobrancelha.

Suábia: O Jura da Suábia é um parque geológico natural, formado do mar Jurássico, há milhões de anos, que apresenta combinações de importantes formações rochosas vulcânicas com declives, além de um conjunto de amplas planícies e de florestas. de cavernas com diversos sistemas subterrâneos e de montanhas.

Surjão: o mesmo que cirurgião.

Suserano: nas relações vassálicas feudais, de obrigações de parte a parte, suserano é o senhor que demanda um serviço ou um favor e concede o pagamento devido a outro senhor, o vassalo.

Tricecratopo: o mesmo que triceratope; designação comum aos dinossauros ornitisquianos e quadrúpedes do Cretáceo Superior da América do Norte.

tu, felix Austria nube: tu, feliz Áustria, case (Mathias Corvino, Rei da Hungria).

Vara: termo relativo à tradicional medida de comprimento portuguesa, utilizada para os tecidos. Uma vara equivalia a 1,10 m.

Verbi gratia: Por exemplo.

Venus fusca: Vênus sombria.

Qualquer livro do nosso catálogo não encontrado nas livrarias pode ser pedido por carta, telefone ou pela Internet.

✉ Rua Aimorés, 981, 8º andar – Funcionários
Belo Horizonte-MG – CEP 30140-071

📱 Tel: (31) 3222 6819
Fax: (31) 3224 6087
Televendas (gratuito): 0800 2831322

@ vendas@autenticaeditora.com.br
www.autenticaeditora.com.br

Este livro foi composto com tipografia Bembo e impresso
em papel Chamois Fine Dunas 80 g na Formato Artes Gráficas.